学級力が一気に高まる！
絶対成功の体育授業マネジメント

関西体育授業研究会
垣内幸太・栫井大輔 著

明治図書

はじめに

　本書の目的は「学級力を高めること」です。そして，そのための手立てとして体育授業に焦点を当てました。

　日曜日の夜，翌日学校に行くことが楽しみですか？　それとも憂鬱ですか？　教師も人間ですから，得意なことがあれば苦手なこともあり，うまくいくときもあればうまくいかないときもあります。しかし，何か1つ楽しみがあれば，がんばれるときがあります。子どもも同様です。「今日は体育があるから楽しみ！」と朝から言ってくれる子どもがいます。もちろん，その反対も。

　本書は，体育を通して1人でも多くの教師と子どもの笑顔が増えることを願って，私たちの経験や知識をまとめたものです。私たち教師は同じ「教師」という職業名ですが，対象としている子どもも置かれている環境も様々です。しかし，そのような教師を常につなげてくれるのが目の前の子どもです。私たちが出会った子どもを通して，本書を手に取ってくださっている方の子どもの前に立ったつもりで書きました。本書を読んだことで，みなさんの目の前にいる子どもが笑顔になることを切に願っています。

　「不易流行」の言葉がありますが，教育にも当てはまると思います。学習指導要領の改訂とともに「流行」の部分が話題になりがちです。しかし，「不易」の部分は話題にならないだけで前提条件となるものです。本書の内容も「不易」：「流行」＝8：2のイメージとなっています。読者の方の教職年数に応じて，共感的にも批判的にも読んでいただき，明日の体育授業の改善，そして学級力を高めることに役立てていただければ幸いです。

関西体育授業研究会
樽井大輔

Contents

はじめに ... 2

第1章 体育授業がうまくいけば学級経営もうまくいく！ ... 6

1 よい学級って何？体育をみればクラスがわかる?! ... 6
2 「学級力」を支える3つの柱 ... 8
　①居心地のよい学級，互いの思いを伝え合える雰囲気 ... 8
　②何か事にあたるときの集団としての勢い ... 10
　③ここちよい笑い，朗らかな笑顔 ... 12
3 体育がもつ3つの力 ... 14
Column 授業力の要素 ... 16

第2章 体育教師に欠かせない！マネジメントの基礎基本 ... 18

1 まずは知りたい！マネジメントの基礎知識 ... 18
　①体育ならではの苦労って？ ... 18
　②なぜマネジメントが必要なのか？ ... 20
2 必ず身につけたい！基本マネジメント ... 22
　①子どもの意欲をマネジメントする ... 22
　②授業時間をマネジメントする ... 24
　③安全をマネジメントする ... 26
3 授業がグッとスムーズになる！場面別マネジメント ... 28
　①授業前 ... 28
　②授業開始時 ... 30
　③準備運動 ... 32
　④用具の準備 ... 34
　⑤学習環境（場）づくり ... 36
　⑥授業の進行 ... 38
　⑦授業後 ... 40
Column 専門家としての教師 ... 42

Contents

第3章 「学級力」を一気に高める！体育授業マネジメント … 44

1 子どもと教師の願いをつなぐ！マネジメントの秘訣 … 44
2 授業を成功に導く！単元のマネジメントスキル … 48
①素材を教材に変える … 48
②指導は点ではなく線 … 50
③授業はチームでつくる … 52
3 すべての子どもが参加できる！授業のマネジメントスキル … 56
①体育授業の型 … 56
②指導の「はじめ」「なか」「おわり」… 58
③「〜を教える」「〜で教える」… 60
4 優れた実践から学ぶ！領域別授業マネジメント … 62
①共創長なわとび「8＆6」〜個から集団へ〜 … 62
②ネット型ゲーム「バウンドアタックバレー」〜思考の流れ〜 … 64
③体つくり「遠くに投げよう」〜主体的な学び〜 … 66
④水泳「いっしょに泳ごう！」〜協同的な学び〜 … 68
⑤マット運動「シンクロマット」〜かかわり合い〜 … 70
⑥表現「ダンス」〜表現力＝学級力〜 … 72

Column 型から離れる … 74

第4章 体育授業をビシッと成功させる！指導スキル＆アイデア … 76

1 子どもの変化に気づく！「観る力」

1 これで納得！「観る力」早わかり解説 … 76
①見る？看る？観る？ことから始めよう … 76
②「観る」姿を観られている … 78
2 「観る力」を身につける！ステップ1「何を観るのか」… 80
①「動き」を観る … 80
②「心」を観る … 82
③「つながり」を観る … 84
3 「観る力」を身につける！ステップ2「どのように観るのか」… 86
①全体を観る，個を観る … 86
②共に観る … 88

③笑顔で観る … 90
　　④ICT機器を活用して観る … 92

4 「観る力」をスキルアップ！授業観察と働きかけ … 96
　　①非ほめる … 96
　　②「2：7：1」どこから？ … 98
　　③鈍感は無敵 … 100

5 すべての子どもの価値を認める！評価の方法 … 102
　　①評価と評定って違うの？ … 102
　　②通知表のつけ方 … 104

Column 省察の大切さ … 106

2 子どもの心と体を動かし学級をまとめる！「指導言」

1 これで納得！「指導言」早わかり解説 … 108
　　①指導言の種類と役割 … 108
　　②子どもに伝わる「指示」の出し方 … 110
　　③子どもに働きかける「発問づくり」 … 112
　　④「説明」上手は話し上手 … 114
　　⑤効果的な「評価」のコツ … 116

2 指導言を支える！3つの「間」 … 118
　　①「時」：時間的な「間」 … 118
　　②「処」：空間的な「間」 … 120
　　③「位」：対人関係の「間」 … 122

3 事例でチェック！効果的な指導言でつくる授業アイデア … 124
　　①ベースボール型ゲーム … 124
　　②フラッグフットボール … 126
　　③鬼あそび「さかなとり」 … 128
　　④表現運動「シェイプ」 … 130

Column 同僚性 … 132

おわりに … 134

第1章 体育授業がうまくいけば学級経営もうまくいく！

1 よい学級って何？体育をみればクラスがわかる?!

学校とは，集団の中で学びを深める場です。その一番の母体は学級です。教師は，日々子どもたちと接しながら，「よい学級」を創りあげたいと思っています。「よい学級」とはどんな学級でしょうか。

 学級力のある学級をつくろう！

「よい学級とは？」と聞かれたら，

目標に向かってがんばることができる学級，みんなが仲良しの学級，互いに助け合える学級，いつも元気いっぱいの学級……。

みなさんは何と答えますか。その答えは人によってそれぞれでしょうね。私は，「学級力のある学級」と答えます。具体的には，

> ①すべての子どもの居場所，互いの思いを伝え合える雰囲気
> ②何か事にあたるときの集団としての勢い
> ③ここちよい笑い，朗らかな笑顔

これらを集団として持ち合わせている学級，創り出そうとする力のある学級です。子どもたちは安心して学びに向かい，効果的に学びを得ることができます。

もちろん，日々のすべての教育活動で育んでいくものです。しかし，小学校6年間において，国語，算数に次ぐ時間数を有し，子どもたちからも人気の高い体育授業が果たす役割は，決して小さくはありません。

ここちよい笑顔，朗らかな笑顔！

 学級力≒教師力?

　学級力。一見これらは，子どもたちがもつ力のように感じますが，すべては教師の導きがないと成立しません。学級力を高めるとは，裏を返すと教師力を磨き，高めることとも言えるでしょう。その要素を挙げると，

> 子どものみとり方
> 子どもに対する言葉かけ（指導言）
> 単元，授業の組み立て方
> 教材の創造力
> 知識，教養……

多岐にわたります。しかし，これらの力を地道に磨き，高めていくことが学級力を高めていくことに直結します。広い空間で行われる体育，身体技能の習得という特別な教科だからこそ，磨かれる教師力があります。

　「体育の授業をみれば，学級の様子や担任の力がよくわかる」といったようなことを聞いたことはないでしょうか。若かりしころは，この言葉を「体育で子どもを思い通りに動かせているかどうか」というようにとらえていました。しかし，そのような表面上のことのみだけではなく，すべての子どもが自らの課題をもち，仲間と共に笑顔で，主体的に学習に取り組めているかという内面を「みれば」ということまで含んでいるのだと思います。

　私たちは，ただうまく授業を流すことにとどまらず，すべての子どもが目標に向かって目を輝かせ，仲間と共に高まり合い，学び合う授業を創造していかなければなりません。毎時間そのような体育授業ができれば，おのずと学級の力はぐんと高まります。

　そして，体育科で磨いた教師力は，他の教科・領域などにすぐ転移できる力となるでしょう。（教師力については，第2章以降で述べていきます。）

「絶対成功」ポイント

・学級力≒教師力　教師力を磨く
・学級力（居場所，雰囲気，勢い，笑顔）は体育で育つ

2 「学級力」を支える3つの柱①
居心地のよい学級, 互いの思いを伝え合える雰囲気

子どもたちが大半の時間を過ごす学級。居心地のよい学級,互いの思いを伝える雰囲気とはどんな姿なのでしょうか。またそのために私たちが心がけることはどんなことなのでしょうか。

★ 子どもの居場所＝よい場所

　子どもたちが普段過ごす家庭とは違って,学級はいろいろな考えや価値観をもった人と過ごす初めての場と言っていいでしょう。その学級がすべての子どもにとって居心地のよい場所にするためにはどうすればよいのでしょう。

　私たち大人でも,転勤したての職員室,初めて参加する研究会などに行くと落ち着かず,どうしていいか困ってしまいます。不安にもなります。子どもならなおさらでしょう。しかし,何年かその学校に勤めたり,その研究会に顔を出したりするようになると,そんな不安はなくなってしまいます。きっと自分の居場所がそこにできたからです。学級においても,すべての子どもたちに,そのような居場所をいち早くつくってあげることが私たちの使命です。子どもたちの居場所づくりのために,普段から次のようなことを意識しておきます。

みんなが居場所がある教室に！

①1人より2人,2人よりグループ,グループよりみんな！
②ほめ合う！認め合う！
③ルールを守る！

①1人より2人,2人よりグループ,グループよりみんな！
　先程の転勤したての例,緊張して過ごしていても,校務分掌や学年会などの話し合いで自分のすべきことがわかってくると,少しほっとしたりしませんか。きっと子どもたちも同様です。自分のすべきことがわかり,仲間とのかかわりが増えると,自分の居場所を認識することでしょう。子どもを1人にしない。仲間とつなぐ。そんな場面を日常にたくさん仕込みましょう。

②ほめ合う！認め合う！

　互いのがんばりを認め合える学級。ほめ合える学級。とても居心地のよい学級ですね。まずは，教師がどんどん子どもたちをほめましょう。「○○さん！　すごいね！」「○○さん，ありがとう！」名前をつけてほめましょう。ほめられ認められた子どもは，学級での居場所を感じるはずです。また教師の言葉が子どもたちにも広がっていくことでしょう。

③ルールを守る！

　多くの人がいっしょの空間，時間を過ごすということは，楽しいことでもありますが，不安に思う子どももいることでしょう。そこにルールが存在すること，そのルールが守られていることで，その不安も少しは和らぎます。一定のルールがしっかり成り立っていることが，子どもたちに安心を与え，さらには居心地のよさにつながっていきます。

　教室に居場所を感じられるということは，子どもたちにとってそこが「よい場所」だと感じられることです。難しく考えなくてもよいです。教師であるあなたがそこにいて心地よいなと思える教室をつくりましょう。きっと子どもたちも同じように感じてくれるはずです。

何か話したくなる雰囲気

　互いの思いを伝え合える雰囲気とは，安心して自分を語れるということです。聞いてくれる人がいるから，何か話したくなる雰囲気です。みなさんも気の許せる仲間といるときはついついしゃべりすぎたという経験はおありだと思います。

互いの思いを受け止め合える学級に

　でも，中にはまだその集団に馴染めず，間違ったらどうしよう。笑われたらどうしよう。そんなことが頭をよぎり，なかなか自分の思いを伝えられない子どももいるのではないでしょうか。まずは授業で，安心して自分の思いを伝えられる機会をつくりましょう。

　しかし，同時に忘れてはいけないことは，それを受け入れる雰囲気です。もし間違いをした子がいたら，こんな合言葉はどうでしょう。「間違ってくれてありがとう！」間違いを恐れず，何か話したくなる雰囲気をつくりあげたいものです。

「絶対成功」ポイント

・教室は僕にとって，私にとって，先生にとってよい場所
・合言葉は「間違ってくれてありがとう！」

2 「学級力」を支える3つの柱②
何か事にあたるときの集団としての勢い

「行事に向けて練習しよう！」「体育でゲームをしよう！」「みんなで考えよう！」そんなとき，一気に課題に向かって進んでいく学級。どうすればそのような勢いが生まれるのでしょうか。

勢いを生み出す「方向性」

勢いとは，「活気，盛ん，速さ・強さ，活動力」といった意味があります。授業における勢いとはどんな状況でしょう。実際に子どもたちといっしょに授業をしていると，この「勢い」を肌で感じることがあります。それは，子どもたちの向いている方向が1つになるときです。どんなに子どもたちがやる気満々であったとしても，その向いているベクトルがばらばらであったならば，この勢いを感じることはありません。

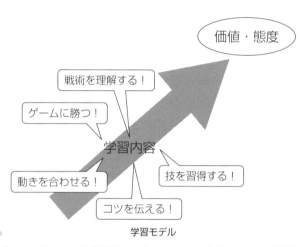

学習モデル

「ゲームに勝ちたい」「新しい技ができるようになりたい」「動きを合わせたい」といった学習内容を通した願いのベクトルが同じになったときに勢いは生まれるのです。

勢いを生み出す教師の力！

しかし，だからと言って無理に同じ方向を向かせようと言っているのではありません。

同じような方向を向かせるだけで十分です。そのために，学習課題の明確化，見通しのもてる学習過程の準備，教具・教材の工夫など，教師は綿密に計画しなくてはいけません。

また，その前提として，教室がすべての子どもたちにとって，「よい場所」になっていなければならないことは言うまでもありません。

非認知能力を意識して

　仲間と集い，汗を流すことの喜びを知っている。できないことができるようになる喜びを知っている。集団の中で自分の責任を知っている。このように明確にできない，数値化できない力が非認知能力として注目されています。「勢い」を生み出すには，この非認知能力を子どもたちに育んでおくことが肝要です。

「先生！　聞いて，聞いて！」

学校現場にいると，これまでも自己認識，意欲，我慢強さ，自制心といった非認知能力が子どもたちに必要不可欠なものであることは感じてきました。授業においても，子どもたちの「やる気」が認知能力獲得（わかる，できる）に大きな影響をおよぼすことは明らかです。特に体育では，「学級づくり」「仲間づくり」といった言葉で，時には裏の目標として，時には表の目標として意識されてきました。

　認知能力と非認知能力は密接に絡み合っています。「できた，わかった」だから次への課題に向かうやる気が出る。そのやる気が次の学びの土台になる。また「できる，わかる」が増える，やる気が出る……。このスパイラルが，本来，学びの理想です。

　認知能力ばかりに目をやり，「この時間中に全員をできるようにしなくては！」「全員に動きを理解させなくては！」という過度のプレッシャーによって授業をつまらないものにしてはいないでしょうか。スタート地点も歩む速度も違うたくさんの子どもたち。一律の方法で，「知識，理解の獲得」のみをめざす授業では，すべての子どもが能動的に学びに向かうことは困難です。身体能力の違いのみならず，心の動きも様々だから。

　しかし，この非認知能力を学習の柱の1つとして授業を構成すること，つまりはすべての子どもが目標に向かってどのような思い，願いで学習に取り組んでいるのかを指標にすることで授業はもっとおもしろく，楽しくなります。子どもたちは目の前の「わかる，できる」を追い求める。しかし，我々は，子どもたちがどこまで目標にたどり着いたか（結果）だけではなく，どのように目標にたどり着けるのか，たどり着こうとしたのか（過程）に重きを置く。すると授業の組み立てや教師の声かけもきっと変わってきます。子どもの目の輝きも変わってきます。授業に勢いが生まれます。

「絶対成功」ポイント

- 方向性の一致が勢いを生み出す
- 非認知能力を柱に授業構成しよう

「学級力」を支える3つの柱③
ここちよい笑い，朗らかな笑顔

教室に笑い声が響き渡る。子どもたちの顔がにっこり微笑む。毎日がそんな教室であったならば，子どもたちはどんなに幸せでしょう。どんなことに気をつければ，そんな教室になるのでしょうか。

3つの笑い

　廊下を歩いていると，教室から聞こえてくる笑い声。きっとよい学級なんだろうなと想像します。楽しいことに大笑いしている，何かを達成して喜んで笑っている，仲間と共に微笑み合っている……。その笑いにもいろいろな種類があります。かつて有田和正先生は「45分，一度も笑いを起こさない授業をした教師は逮捕する」とおっしゃっていました。教師は，「笑い」に対してそれぐらいの心持ちでいなければならないということです。笑いのない授業を毎日受けさせられる子どもたちは不幸です。

　授業における笑いには次のようなものがあります。

> ①学習内容に関係あるところで笑う。
> ②学習内容と関係ないところで笑う。
> ③誰かを馬鹿にして笑う。

　③が問題外なのは当然ですが，最初から①でなくても大丈夫です。授業において小さな笑いをつくってみましょう。

　おもしろネタを導入で話す，ゲームをして心をほぐす，クイズ形式にする，音読を早口で読む，口をあけたまま答えを言う，ジェスチャーで答える，おやじギャグを言う？……。学習内容と直接結びつかなくとも，楽しい笑いが意欲へと転化していきます。子どもと教師の心をつなぎます。

笑いが子どもをつなぐ

　次のステップとして学習内容に「笑い」を組み込んでいけるとよいですね。そのために教師発信の笑いから，子どもたちから湧き出てくる笑いへと転換してみましょう。キーワードは「挑戦」と「共同」です。次のような場面を授業に意図的に組み込んでいきます。

①挑戦

　他教科だと同じ部首の漢字を集める。算数の解法を説明する。ディベート形式で討論し合う。体育では作品や技の出来栄えを点数化する。各エリアで定められた動きをクリアする。ゲーム化するとも言えます。子どもたちはゲームが大好きです。簡単には成し遂げられない課題を設定します。

②協同

　他教科だと１つのテーマのもと，新聞をつくる。みんなでプレゼンテーションを行う。役割を決め音読する。体育ではみんなで１つの作品を創る。ゲームを協力して行う……。

みんなで協力すると楽しいよ！

　共通していることは，１人ではないことです。仲間と共に成し遂げます。仲間がいるから「笑い」が生まれます。笑いが子どもと子どもをつなげます。

★ 笑い声・笑顔は授業評価のバロメーター

　他の先生の授業を参観する機会があります。そのとき，ぜひ前から子どもたちの顔をみてみてください。その表情をみれば，その授業がわかります。子どもたちにとって楽しい学びの時間になっているのか。子どもたちの願いに沿ったものなのか。もっと言えば，その学級がうまくいっているのかどうかまで見通すことができるかもしれません。

笑顔がいっぱい！　居心地のいい教室

　子どもたちの笑い声，笑顔は授業評価のバロメーターです。何か学級がうまくいっていないな，ぎくしゃくしているなと思ったら，授業中の子どもたちの顔を一度見つめてみてください。どんな表情をしていますか。笑っていますか？　いきいきしていますか？　もし曇った顔をしていたならば，自分の授業をもう一度見直してみましょう。

　子どもたちは，おもしろい先生が大好きです。明るい先生が大好きです。心地よい笑い，朗らかな笑顔が子どもと教師をつなぎます！

「絶対成功」ポイント

- まずは小さな笑いをコンスタントに生み出そう
- 笑いが子どもと子ども，教師と子どもをつなぐ

3 体育がもつ3つの力

よい学級をつくるために体育が果たす役割は大きいものです。よい学級を支える体育の力。体育にはどんな力があるのでしょうか。それは体育特有の力なのでしょうか。

子どもたちをつなぐ力

　よい学級＝学級力のある学級は，子どもたちがつながっています。しかし，ただ同じ空間にいるだけで，そう簡単にはつながりません。共に意味ある時間を過ごすことでつながりができていきます。体育には，その意味ある時間をつくり出せる要素がたくさんつまっています。

①触れ合い

　言うまでもなく，体育は身体活動を主とした教科です。手をつないだり，補助して支えてあげたり，身体の触れ合いを多くつくり出せます。同時に，動きを合わせたり，補助したりするために心を合わせることも必然となります。そんな場面がたくさん設定できます。触れ合うことで仲間とつながります。

②見合い

　他教科と違い，学習した過程や成果が目に見えやすい教科です。がんばっていること，悩んでいること，できるようになったこと……。すぐに互いに見合うことができます。すぐに声をかけ合うことができます。自分はうまくできなくても友達にアドバイスすることもあれば，友達のアドバイスによってできるようになることもあるでしょう。互いの伸びや悩みを見合うことでつながりが生まれます。

③役割

　技能差が大きくても自分の力，性格などに応じた役割を見出すことができます。特にゲームの学習では，ポジションなどによりその役割は大きく違ってきます。役割をもち，みんなの役に立つことが，自分の居場所を実感することにつながります。自分の価値を実感することにつながります。学級でいきいきとした姿につながります。

補助し合って美しいブレッジ！

　これらの要素を活かし，体育の授業で子どもたちをつなぐ意味ある時間を創出していきましょう。

勝敗を認め合える力

　子どもたちが普段の生活において，本気で心を動かすような「勝ち・敗け」に遭遇する場面はそう多くはありません。学校においても，揉めごと，争いごとを避け，なるべくはっきり勝敗がつかないようにしている場面も多いのではないでしょうか。しかし，長い人生，勝つこともあれば敗けることもあります。そんなときにポキっと折れてしまわない心，結果をしっかり受け止められる心を育んでおくことも私たちが子どもたちにすべきことの1つではないでしょうか。

　体育では，そんな「勝ち・敗け」を経験する機会をたくさんつくることができます。ゲーム領域における相手との戦い。器械運動による技への挑戦。陸上領域による記録との戦い……。これらの機会から，勝ったとき，乗り越えたときの喜び，感動をもらいます。負けたとき，頓挫したときの苦しみ，悔しさを味わいます。同時に，仲間の「勝ち・敗け」にも共感できる子どもになります。学校における授業の中で，唯一体育のみが果たせることではないでしょうか。

願いがかなえられる力

　願いがかなう。そのためには，願いをもつことが前提条件です。例えばとび箱の授業で首跳ねとびで6段とびたいという願い，バスケットボールでシュートを決めたいといった願いです。また，同じ1時間の授業でも，それぞれに合った願いをもつこともできます。先の授業の例で言えば，大きな台上前転を4段で成功させたいという願いもあれば，バスケットボールでうまくパスをつなぎたいという願いをもつこともできるということです。自分に合った願いを設定できることで，すべての子どもが願いをかなえるチャンスが増します。

「さあ！　やるぞー!!」

　願いがかなうことは自己肯定感につながります。自己肯定感は，次への意欲を生み出します。学級の勢いを生み出すことにつながります。体育がもつ大きな力です。

「絶対成功」ポイント

・触れ合い，見合い，役割で子どもがつながる
・「勝敗」を学べる唯一の教科
・自分に合った「願い」をかなえることができる

授業力の要素

「よい授業」って何だろう？

「よい授業をしたい!!」教師ならば誰もが思うことです。

では,「よい授業とは何ですか？」と聞かれたら,何と答えますか？

体育科では「よい体育授業(高橋1992)」に共通する特徴を取り出すことによって,効果的な授業に関する知見が1990年代以降の研究で発表されています。

よい体育授業を成立させる条件（高橋1992)

例えば,左の図はよい体育授業を成立させる条件のモデルです。詳しい説明はここではしませんが,よい授業を見たときに感じることと,このモデルの条件は一致しています。

体育授業を見たときに「よいクラス(よい雰囲気)だなぁ」と感じるのは,「授業の基礎的条件」がしっかりしているからです。

また,「こんな授業をやっていたら,子どもができるようになるだろうなぁ」と感じるときは「授業の内容的条件」がしっかりしているからです。

このような観点で「よい体育授業」なのかどうかを判断する方法があります。ただ,いつも不思議に思うことがありました。それは,参観者全員が「よい授業」と言う授業に出会ったことがないことです。「よい授業だなぁ」と思っても,「あの授業では子どもが……」のように必ず反対の意見を言う教師もいます。どちらが正しいとかではなく,「結局,よい授業とは人の好みでは？」と思いませんか。

心をとらえる授業

次頁の書は,私が習っている書道教室のものです。自分が上達するとともに書の見方が変わる不思議な書なのですが,あるときふと思いました。「書の味」の部分を「授業」に置き換えると次のように読めます。

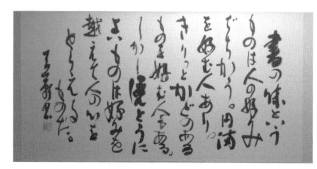

「書の味」を「授業」と読みかえると……

「授業というものは人の好みでちがう。円満を好む人あり。きりっとかどのあるものを好む人もある。

しかし，ほんとうによいものは好みを越えてその人の心をとらえるものだ。」

「よい授業とは人の心をとらえる授業」と思うと，よい授業とは好みではないという自分なりの解が出ました。しかし，新たな疑問が出てきます。「人の心をとらえる授業」とはどんな授業でしょうか？

授業力の3要素

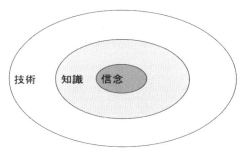

授業力量の3層モデル（木原2004）

　左の図は授業力の要素をモデルにしたものです。

　授業力量の要素を「信念」「知識」「技術」と考えます。

　「信念」とは，教師の想いや願い，あるいは考え方（例えば指導に対する考え方なら「指導観」，子どもに対する考え方なら「児童観」）など，教師としての自分なりの哲学です。

「知識」は教師として必要な知識です。経験から得られた実践的な知識も含まれます。

「技術」は話し方，板書の仕方など，子どもの前で教師が行うパフォーマンスです。

　モデルで一番外に技術があるのは，外から見られることを意味しています。ですから授業で一番話題になりやすいです。内側にある知識と信念は，直接見えませんが感じることができます。授業観察のするどい人は信念までわかっています。

　「人の心をとらえる授業とはどんな授業か？」の解ですが，私は「授業者の信念・知識・技術がそろった授業」と思うことで自分なりのよい授業の見方ができました。授業を観るときにはその先生の「信念・知識・技術」を見ようと努力します。また，自分自身が授業をするときは，今ある「信念・知識・技術」でできる授業をめざします。

　本書は「知識・技術」について書いています。残りの「信念」については，ぜひこの機会にふりかえってみてください。きっと「信念」と「自分が考えるよい授業」が一致するはずです。

第2章 体育教師に欠かせない！マネジメントの基礎基本

1 まずは知りたい！マネジメントの基礎知識①
体育ならではの苦労って？

体育は，運動場や体育館などで行います。広い空間に解き放たれた子どもたちには，うれしくってなかなかこちらの声が届かないなんてことも……。そんな子どもたちをどうしたらよいのでしょうか。

 教室で授業ができないことの意味を考えましょう！

私：「『空間が広い』の意味，よくわかったでしょう⁉」
教育実習生：「はい。本当に広かったです」

　教育実習生の体育授業後，必ず行う会話です。体育の授業の場は運動場と体育館です。教室の広さの何倍もあります。そこには椅子も机もありません。広くていつもの教室と違った自由な空間に数十人の子どもが解き放たれます。教師が何もしなければ，まず走り回るでしょう。その後は……，いろいろなことが予想されますね。

　また，その日の気温や太陽の位置など，教室ならあまり意識が向かないことに授業が左右されます。同じことを行っても，その日の環境で子どもの動きが大きく変わります。

　そのような場で授業をするのが体育なのです。

 心と体を解放させるために

　よい体育の授業を観ると「よい雰囲気だなぁ」と思います。子ども同士が助け合ったり喜び合ったりしています。嫌な気持ちになる言葉がなく，お互いを励まし合う言葉が多く聞かれます。

　また，よい体育の授業を観ていると「このような授業を続けるなら，できるようになるだろうな」と思います。子どもたちが運動に集中しています。何度も何度も運動を繰り返してうまくなろうとしています。（コラム「授業力の要素」p.16参照）

　前者の「よい雰囲気」と思うのは，子どもの心が解放されているからです。後者の「できるようになる」と思うのは，子どもの体が解放されているからです。

　広い空間でいつも以上に気持ちが高ぶっている子どもを何も考えずに管理しようとすると心と体の解放は望めません。心と体を解放させつつ子どもたち学習の規律をつくる。そのための教師の手立てをマネジメントと言います。

⭐「自由」と「勝手」の違いを共有しましょう

　マネジメントについての話を進める前に，1つだけ子どもと共有しておかなければならないことがあります。それは「自由」と「勝手」の違いです。

　心と体の解放のために必要なキーワードは「自由」です。ところが，子どもたちに「自由」を与えるといつの間にか「勝手」なことをし始めます。

　ですから，「自由」と「勝手」の違いを子どもと共有しておく必要があります。

　私は，図1・2の絵を使って「自由」と「勝手」の違いを共有しています。

（図1を見せながら）
「牛がいます。この牛『自由』だと思いますか」
（子どもたちの意見を聞いた後）
「この牛，いつかオオカミに襲われるのではと心配していました。先生は，このように心配な気持ちがあるときには『自由』ではないと思っています」
「では，この牛の心配をなくすには何をしてあげたらよいですか」
（子どもたちの意見を聞いた後)

図1

「いろいろな方法が考えられますが，例えば図2のように柵を作ってあげる方法もあります。体育の授業でもみなさんに『自由』であってほしいと思います。ただ，クラスの誰か1人でも心配な気持ちに感じるときは，それは『自由』ではなく，『勝手』です。『勝手』にならないように，クラスでは柵の代わりにルールをつくります。みんなが『自由』に体育ができるように，これから体育のルールを言いますね」
と，体育の授業開きをします。

図2

「絶対成功」ポイント

・心と体を解放させるための手立ての1つがマネジメント
・「自由」と「勝手」の違いを共有する

まずは知りたい！マネジメントの基礎知識②
なぜマネジメントが必要なのか？

子どもの心と体を解放させつつ学習の規律をつくる教師の手立てをマネジメントと言いました。では，具体的にどんなことをすればよいのでしょうか。

今何をしている場面なのか把握しましょう！

右の図は，体育の授業の大まかな流れの一例を示しています。

「準備運動」「主運動（①②）」は運動をしている場面です。

「めあて，課題の確認」「気づきの交流，新たな課題」「まとめ」は授業内容を学習している場面です。

では，その他の場面は何をしているのでしょうか。

机や椅子がないので整列をします。次の活動をするために準備や移動をします。活動を終えたので片づけをします。

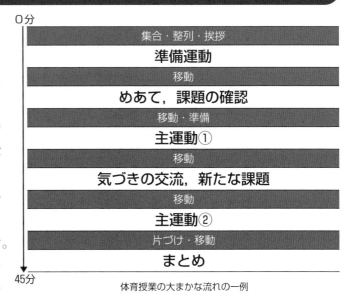

体育授業の大まかな流れの一例

これらの場面は直接体育の学習内容と関係していませんが，運動や学習を成立させるための大事な場面です。この場面のことを体育科では**マネジメント場面**と言います。

子どもにとってこのマネジメント場面は何をしているのか曖昧です。ですから，授業と関係ないことを始めます。この場面が増えると，運動場面より並んだり座ったりする場面の方が多いので不満がたまります。子どもにとって曖昧だからこそ今，何をすべき場面なのか，それを教師が把握する必要があります。

マネジメント場面が多くなり，子どもたちが勝手なことをし始めたので，これに対して指導しました。これもマネジメント場面です。体育の授業の指導と直接関係ない場面だからです。せっかくの体育の時間ですから，運動している場面を増やしてあげたいですね。

体育の時間が運動をする時間になっているか？

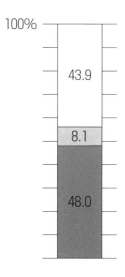

初任教員のある体育授業場面の時間的割合

　この棒グラフは，初任者の先生のある体育の時間の「マネジメント場面」「学習指導場面」「運動学習場面」の割合を示したものです。

　「学習指導場面」は指導者が全体指導をしている1場面です。「運動学習場面」は子どもが運動している場面です。

　45分授業の48％がマネジメント場面ということは約22分は直接体育の学習内容と関係ないことに時間を費やしているということになります。体育の時間は運動しているイメージがありますが，この授業では43.9％＝約20分しか運動しません。

　子どもがなかなか集まらない，整列しない，準備や移動に時間がかかるとあっという間にマネジメント場面が増えていきます。

　教室での授業ならば机や椅子があるので，これらの時間は不必要な時間です。ところが体育になると，机や椅子という鎖が外れ，広い空間が目の前に広がるのでいつも以上に気持ちが高ぶっています。このように広く自由な空間で，学習内容に直接関係ないことに力を入れないと授業成立しないのが体育の難しさです。

　昔から「運動量の確保」という言葉が，体育の授業を語る上で必ず登場します。文字通り「子どもの学習時間を増やす」と思ってもよいのですが，裏を返せば「マネジメント場面を減らす」ということを示しています。「マネジメント場面を制する者が，体育の授業を制す」と言っても過言ではありません。

「絶対成功」ポイント

・マネジメント場面の把握が授業の成功のカギ
・マネジメント場面を制する者が，体育の授業を制す

必ず身につけたい！基本マネジメント①
子どもの意欲をマネジメントする

前を向きやる気満々で運動に向かう子どもから，うつむき楽しくなさそうに運動に取り組んでいる子どもまでいろいろいます。すべての子どもが前を向いて授業に臨めるようにするにはどうすればよいのでしょうか。

 学習への参加率を高めよう！

　私たちは，行き当たりばったりではなく，教材研究などを通じて，事前に授業を組み立てておきます。年間を見通した大きな組み立てもあれば，1単元ごとの組み立て，また1時間単位の組み立てもあります。「こうでなくてはならない」にとらわれることなく，子どもたちの事実から柔軟な組み立て，展開を選択していくべきです。その際に，最も大事にしたいことは，学習への参加率です。参加

動きと心を合わせよう！

率の高い授業は，よい学級の1つの要素でもある「何か事にあたるときの集団としての勢い」へとつながります。

　学習に参加するとは，授業の中で，「もっとやりたい！」「どうしたらいいか考えよう！」「よし，協力してやってみよう！」など，子どもの中に，学習への意欲が溢れ出ている状態です。時には何度も動きを試行しているかもしれません。時には仲間と頭を寄せ合って考えているかもしれません。何かを解決しようとする姿がそこにはあります。この学習への参加率が学級の集団としての勢いを加速させ，学びを加速させます。そして学級の力を高めていきます。

 参加率を上げる4つの視点

　学習への参加率を高めるために，次の4つの視点を意識して授業を組み立てていきます。

①方向性をはっきり示す
　ゲームであれば，何を目的としたゲームなのか。ボールを床に落とすゲームなのか，相手を

かわしてエリアに入り込むゲームなのか……。ゲームの構造を理解させ，このようにすればゲームでうまくいきそうだなという思いをもてるようにすることです。

また，とび箱であれば，高くとぶことが目的なのか，美しくとぶことが目的なのか，仲間と動きをシンクロすることが目的なのか……。目的を明確にして「早くやってみたいな」そう思わせることです。子どもたちが見通しをもてるようにします。

②子どもたちの思考や感情の流れを予測する

これから始めるリレーの授業，3時間目あたりで記録がきっと伸び悩み，意欲が停滞しそうだから何か手立てを打とう。今日のベースボール型の授業では，まだみんな打つ技能で課題が残りそうだから，打撃ミニゲームの時間を増やそうかな。といったことを予測しておくことです。子どもたちがどのように考えを深めていくだろうか。どこを楽しいと思い，どこでつまずくだろうか。思いをめぐらし，その先を想像しておきます。

③少しがんばれば越えられそうな壁をつくる

陸上運動であれば，自分の身長や50m走のタイムなどで目標を設定する方法もあります。器械運動などの個人技能の差が大きいときは，動きを合わせることも課題になるでしょう。またチーム間の力の差が大きすぎると力のある方もない方も意欲を失いかねません。均等なチーム力になるようなチーム分けを考えることも必要でしょう。子どもたちの事実から，適度に負荷のある課題を設定します。すべての子どもががんばれば越えられそうと思える壁を設定することが大切です。

④身体と頭の「ずれ」を生み出す場面を設定する

側転ができた子に，一方向だけでなく反対でも行ってみることを提示します。なわとびで2拍子とびのあとに3拍子とびを提示します。これらは容易にはできません。簡単だと思ったことが難しかったり，できると思っていたことができなかったりすることで，「もっとやってみたい」「知りたい」「確かめてみたい」という意欲がふくらみます。

子どもの事実を考慮しながら，授業にこの4つの視点をうまく組み入れることで，意欲をマネジメントしてみましょう！

「絶対成功」ポイント

- 学習への参加率をアップ ⇒ 学級の勢いへ
- 4つの視点で意欲をマネジメント！

必ず身につけたい！基本マネジメント②
授業時間をマネジメントする

45分の授業では，移動，準備，説明，運動，話し合いなど，いろいろなことに時間が使われます。それらの時間をどのように配分していけばよいのでしょうか。

 子どもの時間＞教師の時間をめざす！

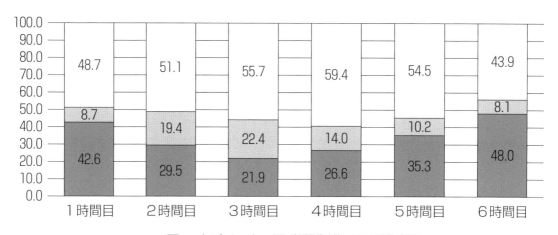

体育授業場面の時間的割合の推移

　1時間だけを見るのではなく，単元全体を見てみましょう。うまくいった単元，うまくいかなかった単元を判断する視点はあるのでしょうか？

　上のグラフは，ある先生の1単元の時間配分です。授業場面を「マネジメント場面」「学習指導場面」「運動学習場面」に分け，45分間の授業におけるその割合を示しています。「マネジメント場面」と「学習指導場面」は教師の時間です。「運動学習場面」は子どもの時間です。

　その視点でグラフを見ると，この単元では4時間目までは教師の時間が減り，子どもの時間が増えていますが，最終的には子どもの時間より教師の時間が多い形で単元を終えています。教師の時間が増えているとき，子どもは運動していません。1時間の授業の中身はこのグラフだけではわかりませんが，単元の改善は必要と言えます。

　体育の場合，1時間目は並び方や準備の仕方など，様々な学習のルールを確認するのでマネジメント場面が増えます。しかし，単元が進むにつれてそれもパターンとなるので減っていきます。「隠れ」マネジメントとなっていきます。次のグラフを見てください。

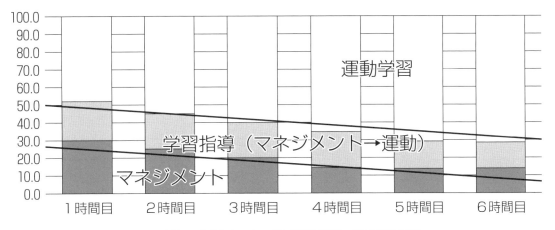
理想の授業場面の推移イメージ

　このような配分になっていると，マネジメント場面が減った分，運動学習場面を増やすことができます。

　教師による学習指導場面は，単元前半はマネジメントに関することが多いです。しかし，単元が進むにつれてその必要もなくなるので，指導の内容が学習の中身（運動）に関することに変わっていきます。ですから，上のグラフのようになることが理想の単元です。

全体指導から個別指導に

　理想の単元では教師の時間が減っていきます。では，その減った分，教師は何をすればよいのでしょうか。個人への対応に思いきり時間を使ってみてはどうでしょう。単元前半は単元の流れをつくるために，全体指導が中心となります。しかし，後半になれば流れはできてきます。単元が進む中で，個人差も生じてくるでしょう。その個人差に対応する時間とします。もう少しで開脚とびができそうなあの子のところで補助する時間。チームの仲が気になるあのグループのところで見守る時間。前向きに授業に入れないあの子のところで気持ちを聞く時間。そんな時間にしてみましょう。

「絶対成功」ポイント
・１時間ではなく単元全体を見通した時間マネジメントを
・教師の時間を減らして子どもの時間を増やそう
・教師の役割は全体指導から個への指導へ

必ず身につけたい！基本マネジメント③
安全をマネジメントする

安全面に配慮して，けがのないように授業を行わなければなりません。事前にどんな点に気をつけておくことが大切でしょうか。また授業中にもどんなことに気をつければよいのでしょうか。

「けが0」をめざして

体育授業における事故を防ぐための努力は，最大限尽くさねばなりません。しかし，そのために体育の活動が消極的になってしまっては本末転倒です。体育の目標と「けが0（ゼロ）」，同時にめざしましょう。教師がすべきことは，
・事故につながる危険要因を把握する
・その対策を検討する
・危険を予知する力をつける
・子どもへの指導を徹底する
といったことが挙げられます。「けが0」をめざして準備することも大切な授業準備の1つです。

授業前にできること

①危険要因のチェック
・グランドや体育館など危険個所や環境チェックや使用する教具のチェック。
・領域や種目のもっている危険要因をチェック⇒けがを防ぐ配慮。
・特別な配慮を要する児童の把握⇒支援教諭との打ち合わせなど。

②手順のチェック
・児童の能力や体力等に応じた指導の計画となっているか。
・施設・器具，教具などがスムーズに使用できるか。

③子どもたちへの事前指導
・自身の体調に関する事前指導（健康観察，体調不良時の行動，水分補給することなど）。
・服装に関する事前指導（運動にふさわしい服装，気温に応じた調整など）。
・運動への見通しをもてる事前指導（単元の目標や本時の流れなど）。

授業中にできること

①指導中の配慮
- 安全に配慮した場や環境の整理整頓のチェック。
- 天候や状況に応じた運動の量,質のチェック。
- けがを防ぐための配慮。

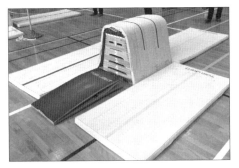

補助マット

支柱カバー

サポーター

ドッジビーサッカー

新聞紙ボール

空気圧の調整

②子どもたちへの指導
- 能力に応じた活動の場やめあての選択に対する指導。
- 効果的な準備運動,整理運動,補助運動などの指導。
- 危険に結びつく態度,行動に対する指導。

また,1人の行動が他者の安全も脅かす可能性があることを子どもたちに伝えます。みんなが安全に過ごすことがみんなの楽しさにつながっていくことを伝えましょう。

「絶対成功」ポイント
- 体育の目標と「けが0」の両立を
- 授業前(後)にできること。授業中にできること。できる限りの準備を

3 授業がグッとスムーズになる！場面別マネジメント①
授業前

授業が始まって，あれもしておけば，これもしておけばとバタバタ。そうならないためにも，授業前に教師がしておくべきことはどんなことがあるのでしょうか。

 計画倒れ，準備損。大いに結構！

　授業がひとたび動き出してしまうと，後戻りはなかなかできません。授業前には，いろいろなことを想定して準備しておきましょう。授業中のマネジメントのためのマネジメントと言ってもいいでしょう。しかし，相手は子どもたちです。その準備していたことが役に立つこともあれば，無駄に終わってしまうことも少なくありません。計画倒れ，準備損。大いに結構です。そこで得た引き出しは無駄にはなりません。できる限りのことをしておきましょう。領域や学年によっても違いはありますが，授業前にしておくといいものをいくつか紹介します。

①単元計画

　言わば，これから始める授業の地図のようなものです。目の前の子どもたちの事実をスタートに，時間数，思考の流れ，獲得すべき技術，教材・教具の選定……。また，1単元どんなに長くても2か月です。学校行事などで運動場や体育館が使えないときはないのかといったことまで確認しておきたいものです。

②場の設定

　場の設定と聞くと，とび箱をどこに配置するか，コートをどのようにとるかなどが思い浮かびます。まずは，課題に応じた運動ができるように，運動場や体育館の広さや学校にある教具の数などに応じて考えておきましょう。それらに加え，どこに集合するのか。チームのかご，水筒，カードなどはどこに置くのか。といったことまでしっかり設定しておくことで，学習がスムーズに進みます。

チームごとのかご

③学習カード

　学習カードは，子どもの学びの軌跡を追うことのできるものです。後で評価や評定に用いる

こともあります。どのような情報が必要なのか精査したうえで学習カードを作成しましょう。主に必要なことは，思考的な気づきと意欲面の変化です。またカードを通じて技術的な情報を子どもたちに提供するのもよいですね。

④役割

この学習を進めていくにあたって，どのような役割が必要になるのか検討します。ゲーム領域だとキャプテンやコーチ，スコアラーなど。陸上なら記録係。器械運動領域なら補助役をつくってもよいですね。また，準備係や片づけ係など。授業がスムーズに進むのみならず，役割が子どもたちの意欲も喚起することにもなります。

⑤グループ分け

ゲーム領域におけるチーム分けや器械運動や陸上領域のグループ分けなど，事前に組んでおく必要があります。その際，生活班などを活用することもあれば，身長や走力を考慮することもあります。特にゲーム領域では，チーム間の力が均等になっていることが今後の学習の意欲に大きく作用します。キャプテンだけ先に決め，先生とその子たちだけで，ドラフト会議をすることもあります。いずれにせよ，なぜこのようなグループになっているのか，子どもたちが理解できるようにしましょう。

⑥便利グッズ

あったら便利グッズを紹介します。

ホワイトボード

画用紙とペンでも代用できます。考えをみんなで整理するときに便利です。

スポット

シュートした位置，後転のお尻をつく位置などさっと示したいときに役立ちます。

太鼓

笛と違って，話をしながら合図できます。電子ホイッスルも便利です。

ストップウォッチ

100円でも売っています。グループの数だけあればなおよいですね。

「絶対成功」ポイント

・いろいろな場面を想定して授業の準備を
・授業中のマネジメントをうまく進めるためのマネジメントを

3 授業がグッとスムーズになる！場面別マネジメント②
授業開始時

さあ、これから授業が始まります！　集合、挨拶。「授業開始の5分を見ればその授業がわかる」とも言われます。どんなことに気をつければよいでしょうか。

学習の基本「集合・整列」

　体育では、その教科の性質上、運動場や体育館といった広い場所で行うことが多くなります。また、教師には、体育や運動会のみならず全校集会や親子の集いなど、多くの人が集まる中で、集団を動かさなくてはならない場面も多々あります。もちろん子どもたちが、目的意識をもって自主的に行動できることが理想ですが、そう簡単にはいきません。

　昔から学校現場では、「集団行動」や「号令」といったことが用いられてきました。最近では、集団演技としても取り上げられ、脚光を浴びています。これらの効果として次のようなことが考えられます。

・指示や説明の時間が短縮でき、効率よく学習を進めることができる。
・他者の行動を感じ取り、自分の役割や責任をもって行動できるようになる。
・安全に行動することができる
・その一時ならず、他の場においても、その行動様式が使える力となる。

　まずは、学習の基本「集合・整列」をしっかり身につけられる学級をめざしましょう。

「集合・整列」ゲーム化→意味理解へ

　授業開始のチャイムと同時に集合する。授業の途中で教師からの声、笛、太鼓などで集合する。授業では、集合して指示や説明、また新たな課題を投げかけたりします。この集合するまでの時間がだらだらしていると、肝心の活動する時間がどんどん減ってしまいます。年度当初などに、約束事を決めておくといいですね。笛1回、その場でこちらに注目。笛2回、座って注目。笛3回、集合などといった約束です。また、手のひらを下にしていたら、近くに集まってくる。両手を広げていたら整列するといったことまで決めているとスムーズに集合ができます。

しかし，一方で整列と聞くと「強制的ではないか」「軍隊のようだ……」など，否定的な意見も存在します。子どもたちが，その号令の意味や意図もわからず，ただ身体を反応させているだけでは，そのような批判が出るのももっともです。大切なのは，なぜそのような行動をするのか，なぜそのような号令をかけるのか，子どもたち自身が考え，理解することです。この行動が自分のためになること，集団にとってよい作用をもたらしているのだということを実感させたいものです。

前「へ」ならえ！

とは言っても，教師がその意図を説明しただけで，子どもたちが意欲的かつ自主的に行動してくれるのならば，なんの苦労もありません。そこで，まずはゲーム感覚で楽しさを中心に「集団行動」を行ってみましょう。

①前にならえ？前へならえ？

正解は「前へならえ」です。「へ」は方向を指し示します。列をそろえたり，間隔を整えたりすることができます。これが理解できると「右へならえ」などの応用もできます。「に」だと右の写真のようになります。つまり方向ではなく，前の人と同じように「ならえ」をすることになります。（この考えは諸説あるようですが，私はこのようにとらえ，統一しています。）これを使って，ゲーム化してみましょう。

前「に」ならえだと……

②前（？）ならえゲーム

教師もしくは，リーダーが「前へならえ！」もしくは「前にならえ！」と号令をかけます。「へ」の場合はいつも通り，しっかり整列をします。しかし「に」の場合は，前の人がやっていることを真似しなくてはなりません。「前へならえ!!」と言いつつおかしなポーズをしたりすると，つられて盛り上がります。

「絶対成功」ポイント

・ゲーム化して，学習の基本「集合・整列」を身につけよう
・号令の意味，よさを子どもたちに実感させよう

3 授業がグッとスムーズになる！場面別マネジメント③
準備運動

元気に声を出して準備運動を子どもたちがやっています。よくある風景です。1年間ずっと同じ運動。本当にこれでよいのでしょうか。どんなことに気をつけなくてはいけないのでしょうか。

 準備運動は3つのつながりをイメージ！

　体育の授業のスタート。
　「1，2，3，4」「5，6，7，8！」子どもたちの準備運動のかけ声が運動場に響き渡ります。よくある体育の1コマです。しかし，先生が準備するための時間つぶし。特になんの準備にもなっていない運動。楽しさも喜びもない淡々と続く運動……。そんな時間になってしまってはいないでしょうか。それでは，あまりにもったいない。
　45分のうちの貴重な5分。これから始まる45分の体育のための意味のある5分にしたいものです。では，その意味をもたせるために何が必要なのでしょう。
　3つのつながりがイメージされます。

> ①主となる活動と身体的につなげること
> ②主となる活動と思考的につなげること
> ③仲間同士がつながること

①主となる活動と身体的につなげること
　どの運動にも必要になる動きがあります。その動きをゲーム化などして直接的に取り入れることもあれば，その基礎となる動きや類似した動きを間接的に取り入れることもあります。例えば，
・前転の授業を主で行うので，背中を丸める運動を取り入れる。
・幅とびの授業をするから，リズムよくとぶ運動を取り入れる。
・平泳ぎの手足のタイミングを学ばせたいからリズムに合わせてさせてみる。

②主となる活動と思考的につなげること
　主たる運動の動きを支える運動を準備します。例えば，
・おに遊びを三つ巴にすることでより相手の位置や動きを考えることが必要な運動にする。

・フラッグフットボールで複数の相手をうまくかわす動きの判断を学ばせたいので、しっぽ取りゲームを取り入れる。

③仲間同士がつながること

　仲間といっしょに運動をしながら、励まし合ったり、笑い合ったり、悔しがったり……。運動への意欲が強化される運動を準備します。例えば、
・ハードル走の授業。2人のリズムを合わせてとび越えていくことを取り入れる。
・ドリブルの練習の際、1人で行うのではなく、仲間とリズムを合わせたり、ドリブルしながらタッチしたり、ボールを交換したりしながら行わせる。

　3つを有する準備運動を続けることで、意味のある5分間から授業がスタートします。

準備体操？準備運動？

　体育の授業の冒頭によく行われる準備運動。準備体操と準備運動、明確に区別されていない場合もありますが、私は、この2つを分けて使っています。体操は、ラジオ体操や少し前に流行したようかい体操に代表されるように、曲などに合わせてひとくくりになったもので、全身や身体の一部をほぐしたり、強化したりといった役割があります。一方、準備運動は、何か主たる目的に向かって、準備をするための運動です。例えば、水泳の授業時、気温が低いのでしっかり身体を温める運動を入れる。とび箱の授業時、よく手首を使うのでストレッチしておく。といった運動です。

　そのように考えると、準備体操という体操はないということになりますが、あえてこの準備体操を子どもたちにつくらせます。「5-1体操」「〇〇小体操」「バスケうまくなる体操」などとネーミングまで行うと愛着も湧いてきます。体育係の活動の1つにしてもよいですね。「次の単元は、マット運動だから首をほぐせるものを入れといてね」「これから寒い時期になるから、しっかり身体全体が温まるような動きが入っているといいな」など教師から少し注文を出して、単元ごとにつくっていくのもよいですね。

「今日は、しっかり太ももを伸ばそう」

「絶対成功」ポイント
・45分の授業の中の意味ある5分に
・身体、思考、仲間とつながる準備運動を準備しよう

授業がグッとスムーズになる！場面別マネジメント④
用具の準備

体育では様々な用具（教具）を使います。これを出すだけでも時間がかかってしまいます。効率よく用具を準備する方法はあるのでしょうか。

★ 準備の時間短縮は準備で決まる

　小学校で体育主任をしていたときの話です。
「○○はどこにあるんですか？」
と，用具がどこにあるのか質問されることが多くありました。ここで問題です。質問される時間は休み時間と放課後，どちらが多かったと思いますか。

　正解は……休み時間です。先生方が忙しいことを表わしているとも言えますが，マネジメントの観点で言えば，休み時間に質問をしている時点で，その日の体育はマネジメント場面の割合が多くなる授業になります。用具を探す，それを運ぶだけで10分はあっという間に過ぎていきます。準備の時間を短縮するためには，準備のための準備が必要です。準備の時間短縮は準備で決まるのです。

★ 1つにまとめる

　準備のための準備とは，具体的に何をすればよいのでしょうか。それは，運ぶ物を1つにまとめることです。
　右の写真のように授業で使う物を1つの箱にすべて入れます。アリが分担して食べ物を運ぶように子どもたちが分担して用具を運ぶ姿はほほえましい光景です。しかし，物の管理ができにくいので授業中に「あっ，○○がない」ということが起きやすいです。
　また，1つにまとめて準備すると後片づけの最終形も子どもに示していることになるので後片づけのイメージをもたせることにもなります。

授業で使う物を1つに！

使う物を共有化する

　教室ならば次の時間まで置いておくということができますが，体育の場合，それができません。なぜなら，体育館や運動場は学校の公共の場だからです。
　自分のクラスの都合だけで用具を公共の場に置いておく，それは明らかに勝手です。
　しかし，学年ならばどうでしょうか。安全面の問題をクリアすれば，他のクラスの準備にも役立つことになります。
　ですから，
「今度の○○の単元ですけど，体育倉庫に準備物を１つにまとめた箱をつくりました。よかったら使ってくださいね」
のように，学年で準備物の共有化を図ります。準備物の共通化が定着すると，
「今度の○○って，動かすのが大変ですよね。学年からのお願いで，体育のあるときだけ置いてもらうことできないですかね」
「じゃあ，明日の会議で聞いてみようか」
のように，学年として学校全体に準備物の削減を提案することができます。学年で準備物の共有化ができれば互いの負担を軽減できます。日々の忙しい学校生活では体育の準備は後に回されがちです。だからこそ，準備をしておいて「使ってください」の一言が学年の体育の時間，ひいては自分の体育の時間を救うことにつながります。

　学校によっては，全学年で学習する領域が決まっています。例えば，とび箱を使う時期が全学年なのです。そうすると，その時期のみ体育館の移動しやすいところにとび箱があるので，どの学年でもスムーズに準備することができます。学校全体で準備物の共有化も１つの方法です。

準備物の共有で，学習の時間を確保！

「絶対成功」ポイント

・用具は事前に１つにまとめておく
・準備物の共有化を図る

3 授業がグッとスムーズになる！場面別マネジメント⑤
学習環境（場）づくり

教室ならば机や椅子があるように学習環境が既にできあがっています。ところが，体育の場合，何もないところに学習環境づくりから始めなければなりません。効率よく，しかも適切な学習環境をつくるにはどうしたらよいのでしょうか。

  動線を考える

学習環境づくりを具体的にすれば用具（教具）を置くことです。子どもたちにとって運動するのに適した環境にするには，いろいろと想定しなければなりませんが，まず考えるとよいのが「動線」です。

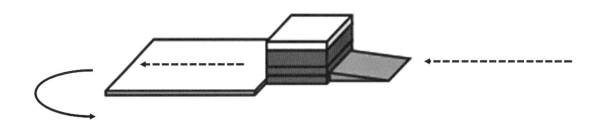

とび箱の授業，子どもの動線

例えば，とび箱運動の場合を考えてみましょう。技としては助走から着地までの動き（上図の破線）ですが，技を終えた後も子どもは動きますね（上図の実線）。スタート位置に戻るのか，別の場に移動するなど考えられます。そのときの子どもが動く線をイメージします。つまり「動線」を考えます。

そうすると，例えばスタート位置に戻る場合，どの辺りを歩けばとんでいる子に接触しないだろうと考えることができます。

数台のとび箱を並べて置いているときにとび箱の間を歩かせるならば，とび箱の間隔を離すはずです。

動線という想定される線をイメージすることで用具の置く場所が決まってきます。また，無意味に助走の距離が長いときには壁近くにとび箱を置きます。そうすることで助走距離を物理的に短くできます。動線をイメージできればその場の環境を利用することもできるのです。

視野角を考える

　動線は子どもの動きを想定しました。
　もう1つ想定するものがあります。それは，「私（教師）の**視野角**」です。
　右の図を見てください。体育館の真ん中ほどに立ったとします。図では視野角が180°になっていますが，実際は横の方はぼんやり見える程度です。
　体育では動く子どもを見なければなりません。全体を見ながらも，個の動きも見る必要もあります。
　体育館の角に行くと視野角はどう変わるでしょうか。
　壁によって子どもが視野角90°以内に収まってくれます。これを利用します。例えば，先生用とび箱と称して，全体を見ながらも個別指導をしたいとき，体育館の角に置くと全体を把握しながら個別指導をすることができます。

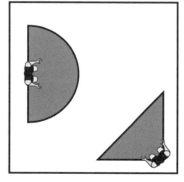
立ち位置による視野

はじめはこっそりマーキング

　用具を置く位置を決めても，実際にそこに子どもが置いてくれないとイメージ通りになりません。図を使って子どもに説明する方法もあります。
　もっと簡単な方法は，置く場所に印をつけることです。運動場で印をつけるのに便利なのが運動会で使う紅白玉です。運動会シーズン以外は全く使いませんから大量に使えます。
　一方，体育館で印をつけるときにはビニルテープを使います。写真のようにマットと印の両方に貼って，それを合わせるように指示すると，低学年でもきれいに置けます。ただし，長期間そのままだとテープの跡が残りますから，子どもたちが慣れたらはがします。

マーキングで準備ばっちり！

「絶対成功」ポイント

・動線と視野角で学習環境をイメージする
・単元はじめは具体的な手立て

3 授業がグッとスムーズになる！場面別マネジメント⑥
授業の進行

体育の授業では，運動と運動の合間に必ず移動などの直接運動とは関係ない時間があります。この時間が授業の流れを悪くします。直接運動に関係ない時間をどのようにマネジメントするとよいのでしょうか。

 時間短縮のために「指導」する

授業を進めるとき，右の図の色がついている場面（マネジメント場面）の時間が多いと，授業がスムーズに流れません（第2章1②参照）。

ですから，授業をスムーズに進めるためには，マネジメント場面の時間を短縮させる必要があります。

では，どのように短縮させますか？

この問を，大学生と小学校教員に出しました。特徴的な答えをまとめたものが下の①，②です。

0分
- 集合・整列・挨拶
- 準備運動
- 移動
- めあて，課題の確認
- 移動・準備
- 主運動①
- 移動
- 気づきの交流，新たな課題
- 移動
- 主運動②
- 片付け・移動
- まとめ

45分

体育授業の大まかな流れ

①
- 声ではなく，子どもの気を引くものを使って集合を促す。
- 時間を測って列ごとに競争させる。
- めざす時間でカウントダウンする。

②
- 並び方，集合場所を決めておく。
- 1時間の流れを示しておく。
- 単元第1時に第2時からの見通しをもたせる。
- 役割分担をしておく。

①の方は，時間を測ったりゲーム化したりして結果的に時間短縮をねらっています。

②の方は，時間短縮のための方法を子どもと共有し，子ども自らができるようにしています。

①のような指導方法を「操作」と言います。幼稚園の先生がとても上手です。②のような指導方法を「指導」と言います。おもしろいことに①は大学生の答え，②は小学校教員の答えでした。

大学生はインターンシップや教育実習で「操作」を見ると印象に残るようです。子どもたちが楽しそうにしているのに結果的に教師が望む姿になっているからです。

では，なぜ現場の先生たちは「操作」より「指導」の答えが多かったのでしょうか。それは，「操作」はいつでもどこでも使えないことを経験的に知っているからです。大学生と子どものかかわりは短期間です。そのようなときは「操作」は有効です。しかし，教師になると学校生活のすべての時間いっしょにいます。常に「操作」だと，子どもたちが「またか」と思い始めます。はじめのころより動かなくなるのです。

ですから，最終的にはしっかりと「指導」することが大事です。

（幼稚園の先生も「操作」と「指導」を上手に使い分けています。）

隠れマネジメントをめざす

①「今日は何曜日ですか」
②「わかった人は，『はい』と言って手を挙げます」

①は発問です。②は指示です。（指導言については第４章参照）

②の指示は，小学校入学時には出しますが，それ以外では出しません。毎回同じなので「隠れ指示」になるからです。

学校生活では毎回同じことをする場合，子どももパターンとして認識するので，毎回説明する必要がなくなります。

同様にマネジメントも年間を通して，あるいは単元を通して，と一貫して同じことをすることで子どもがパターンで認識し「隠れマネジメント」にすることができます。体育の授業のうまい先生は，この「隠れマネジメント」が上手です。

「絶対成功」ポイント

・子どもを「指導」して無駄な時間を減らす
・一貫したマネジメントでパターンをつくる

授業がグッとスムーズになる！場面別マネジメント⑦
授業後

体育の授業が終わりホッとして教室に帰ると，体操服が落ちている，まだ着替えていない子どもがいるなどなど。実は，体育の授業後にもマネジメントが必要です。せっかくやるなら次につながるマネジメントをしたいですね。

「授業後」のことは「授業前」で決まる

　4時間目に体育があるとします。3時間目の授業が終わった後に，子どもたちにどんな指示を出しますか。
　「給食の用意をしてから運動場に行きなさい」
のように，給食のことをイメージして指示を出す先生がほとんどではないでしょうか。
　授業後のマネジメントは，授業後のことをいかにイメージできるかが重要です。そして，イメージできたことの段取りを授業前にします。ゼッケンを使うのならば，終わった後はどこに置くのか。学習カードを書かせたいのならば，書いたものはどこに出すのか。イメージができると，ゼッケン入れやカードを提出する箱を用意するなど行動に移せます。
　「授業後」のことは「授業前」にどんな手立てをしているかで決まります。

定物定位＝物の置く場所を決める

　部屋でも机でもきれいに整理整頓されている場所にはあるルールがあります。それは「定物定位」です。つまり，物の置き場所が決まっています。
　右の写真はゼッケンを入れる箱です。班ごとに入れるようになっており，名前とゼッケンの番号まで示していますから，落ちているゼッケンが誰のか一目でわかります。「誰のゼッケン？」ではなく「◎◎くん，ゼッケン

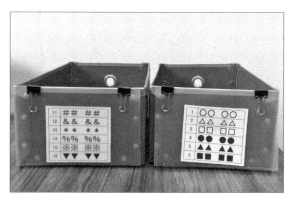

決まった物を決まった場所に！

が落ちているよ」と最後まで指導を徹底することができるので，片づけが身につきます。（名前のところはクリアファイルなので，入れ替えることもできます。）

授業をふりかえる

「『よい体育授業』であったかどうかは，実際に授業を受けた子どもたちに聞いてみるのが一番よくわかる」（小林1978）

この考え方のもと，体育科では子どもたちに授業をふりかえって評価させ，その結果から授業を改善していく方法が活用されてきました。

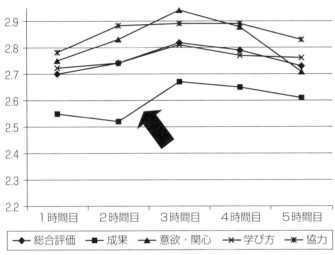

ある授業の形成的評価

左の図は，高橋ら（1994）によって作成された形成的授業評価を用いた5時間単元の授業結果です。

結果に一喜一憂するのではなく，次の授業への改善に活用します。

2時間目終了後の評価を確認すると「成果」が下がっていました。そこで，3時間目の授業の計画では得点増加の方法に着目させて課題を設定し，授業を行いました。授業も計画通りに進み，授業後の評価を確認すると，見事に成果が上がりました。計画した手立てが有効であったと言えます。

しかし，4時間目以降はすべての項目が下がり始めました。授業中も「なんでそっちに動くの！」「違うやろ！」と，子ども同士の関係がうまくいっていない言葉も増えていました。「この原因は個への対応が足りなかったのでは？」と自分の授業を省察（コラム「省察の大切さ」p.106参照）するときにも使えます。

授業後のちょっとした時間を使って，子どもたちに授業評価をしてもらうと，自分の授業を具体的に改善することにつながります。

「絶対成功」ポイント

・授業後のことは授業前に準備＝定物定位
・子どもによる授業評価で授業（単元）の改善を図る

専門家としての教師

めざそう「プロ教師」

　プロ野球選手，プロサッカー選手，プロゴルファーなど世の中には「プロ」と言われる職業の方々がいます。「プロ」の対義語は「アマ」となるでしょうか。

　では，「あなたは『プロ教師』ですか，『アマ教師』ですか？」と問われたら，何と答えますか。お金をいただいてやる職業がプロならば，すべての人がプロとなります。ただ，この質問はお金の問題だけではないように感じますね。

　私は教師になったばかりの20代のころ，「プロ教師」と胸を張って言えなければ，担任をしている子どもたちに申し訳ないと思いました。小学校は義務教育です。自分たちの意思とは関係なく，学校に行かなければなりません。教師を選ぶこともできません。そのような状況で，ある子はプロ教師のクラスで，ある子はアマ教師のクラス。同じように学校に行かなければならないのなら，プロ教師のクラスに行く方が子どもの成長にとって望ましいと思ったからです。

　ですから，子どものことを思えば，すべての教師が「プロ教師」と胸を張って答えてほしいですね。

2つの専門家像

　「プロ」と似た言葉に「専門家」があります。「教師は学校教育の専門家」と言っても違和感はないと思います。

　専門家について2つの専門家像があります。（ドナルド・ショーン1983）

・技術的熟達者
・反省的実践家

　技術的熟達者は，専門知識や科学的技術を授業に適用していくような専門家です。

　反省的実践家は，授業という複雑な問題状況の中に身を置きながら，経験から形成した知識を使って授業実践を省察（詳しくはコラム「省察の大切さ」p.106参照）し，授業を創り出していくような専門家です。

　では，教師はどちらの専門家なのでしょうか。答えは「反省的実践家」です。

　大学卒業後，教壇に立ったときに「大学で学んだことが通用しない」ということを誰もが経験したと思います。一般論では語ることができない様々な出来事が起こるので，その

一つ一つに理論を当てはめることはできません。ですから、起こった出来事から実践的な知識を自ら得て、それを次の出来事に活用するといった、文字通り「反省しながら」成長していく専門家が教師と言えます。

子どもから学べる教師に

　反省（省察）するための方法にはいろいろとあります。（コラム「省察の大切さ」p.106参照）

　ただ，特別なことをしなくても，日々の中で反省する方法があります。それは**子どもから学ぶこと**です。

　「子どもから学ぶ」のとらえ方もいろいろとありますので，反省的実践家の観点から言えば「子どもの反応から学ぶ」とします。「反応」とは表現，表情，行動など子どもが表出したすべてのことを指します。もちろん無表情も反応です。

　一日の中で子どもたちは様々な反応をしていますから，すべてを対象にはできません。そこで，教師が期待していたり予想していたりした反応と違う反応が起こったときが反省の場面です。つまり，自分（教師）と子どもがずれたときが反省の場面になります。

　ずれに対して「なぜずれたのか？」「何が原因なのか？」「どのようにすればずれなかったのか？」のように問をもてば，その**答えを探す活動が反省**となります。

ずれに気づく　ずれに対処する

　授業づくりや学級づくりなど学校生活全般に言えることですが，大きな課題・問題の背景には気づけなかったたくさんのずれが存在します。それならばずれが生じないようにしたいのですが，社会生活の中ではずれが生じる方が普通です。

　ずれへの対処に対して教師力をみると次のようになります。

> レベル0：ずれに気づけない
> レベル1：ずれに気づくが何もできない
> レベル2：ずれに気づき対処するがうまくいかない
> レベル3：ずれに気づき適切な対処ができる

　ずれも子どもが教えてくれますし，対処の善し悪しも子どもが教えてくれます。子どもは最高の教師です。

第3章 「学級力」を一気に高める！体育授業マネジメント

1 子どもと教師の願いをつなぐ！マネジメントの秘訣

> 学級には，いろいろな子どもが存在します。運動が好きな子，嫌いな子。得意な子，苦手な子。やんちゃな子，内気な子……すべての子どもたちが，主体的に授業へ向かえる単元をどう組み立てればよいのでしょうか。

子どもたちの「願い」

　子どもの「願い」を中核に据えた授業を行うことが大切です。「願い」は，一番のモチベーションです。その「願い」を考える際，まず一番に考えることは，「子どもたちは，この運動や教具や場に出会ったときに，どんなことを最初に行うだろうか。何を楽しいと思うだろうか」ということです。

　例えば，ネット型バレーボールを基にしたゲーム，ネットとボールに出会った子どもたちは「ネットの向こうにボールを投げたい」「アタックをしてみたい」と思うでしょう。とび箱と出会ったならば，「高い段をとび越したい」「かっこよくとびたい」。リレー，大きなコース，バトンと出会ったならば，「思いきり走ってみたい」「上手にバトンを渡したい」。このような「願い」をもつのではないでしょうか。

　子どもたちのもつ「願い」から出発することで，授業への熱が高まります。集団の勢いが生まれます。我々は，目の前の子どもたちの「願い」を十分に把握しなければなりません。

子どもたちの「願い」≠教師の願い？

　とは言っても，教師にも「願い」があります。子どもたちがいくら楽しそうだとしても，やりたいと言っているとしても，やりたいことだけをさせてばかりというわけにはいきません。授業を通じて，子どもたちにつけたい力があります。

　ネット型なら，「（アタックばかりでなく）チームで連係して（3段攻撃など）攻防してほしい」。とび箱なら，「（高さばかり追い求めるのではなく）身体の動かし方を理解して，効率的な身体の使い方をしてとび越してほしい」。リレーな

子どもの願いに寄り添った教師のかかわり

ら，「（勝ち負けのみにこだわらず）バトンの渡し方，カーブの走り方などの工夫により，記録に挑戦してほしい」などが教師の「願い」です。

子どもの「願い」，教師の「願い」。ここで，往々にして「ずれ」が生じます。能力的な「ずれ」（できる－できない。わかる－わからない。容易－困難）から，心情的な「ずれ」（楽しい－つまらない。やってみたい－やりたくない）まで様々です。（コラム「専門家としての教師」p.42参照）

有名な教材や「いいな」と思った教材をそのままやってみても，うまくいかなかったという経験はないでしょうか。「もっとみんなができるようになるはずだったのに」「もっと盛り上がるはずだったのに」「もっと深い学びが生まれるはずだったのに」……。「はずだったのに」，まさにこれが「ずれ」です。

この「ずれ」を想定できていないと，いつまでもこの「はずだったのに」から抜け出すことはできません。まずは，「ずれ」に気づき，授業準備をすることが授業成功への第一歩です。

★「ずれ」を埋める

「ずれ」を埋め，「願い」をつないでいく具体的な方法を，ゴール型ゲームを例にいくつか紹介しましょう。

バスケットボールやサッカーなどのゲームでは，子どもたちは，「シュートを決めたい」とまず願うでしょう。教師は，技術の獲得のみならず，仲間と協力したり，空間をうまく利用したりして，ゴールに結びつけてほしいと願います。ここに「ずれ」が生まれます。

例：ゴール型ゲーム

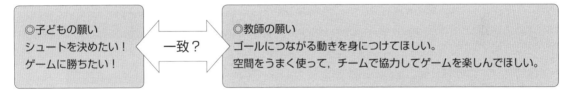

しかし，既存のスポーツのバスケットボールやサッカーをそのまま（人数やルール）行ったのでは，どちらの「願い」もかなえることが難しいことは容易に想像できます。子どもの側から，「8時間の単元で1回もシュートを決めてない」「どうやって動いていいのかわからないから突っ立ってた」といったこともあり得るでしょう。また，教師の側から「パスを学ばせたかったのに上手な子どもばっかり活躍するゲームになってしまった」「つながりのないロングシュートや闇雲シュートばかりのゲームだった」といったこともよくある話です。そのようなことにならないために，「ずれ」が解消できる手段をできる限り準備しておきます。場・用具・技術の保証の視点でみてみましょう。

子ども	魅力的な場	教師
ゴールを決めてみたいな。なんか決められそうだな。		空間の使い方を理解させたい。全員にゴールの喜びを味わわせたい

例：ゴールの工夫

当てたらゴール！的が大きくねらいやすい。

バーの下がゴール！サイド攻撃の有効性もわかりやすい。

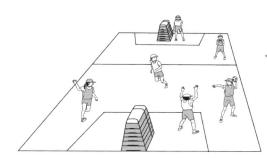

シュートがたくさん生まれる場。シュートする場所がわかりやすい場。みんながシュートしたいと思える場。そんな「願い」をかなえる場を準備しましょう！

子ども	魅力的な用具	教師
触ってみたいな。怖くないな。おもしろそうだな。やってみたいな。		操作が簡単なものがよい。安全なものがよい。学ばせたい動きがたくさん生まれるものがよい。

例：ボールの工夫

ドッヂビーを2枚重ねにして，中に新聞紙などをつめ，テープでとめる。蹴っても跳ねない！

既存のものの空気の量を変えることで，堅さや跳ね具合を調整できます。ねらいに応じて，調整しましょう！

子ども	魅力的な技術	教師
できそう。うまくなりそう。シュート、アタックしたい。		効率よく動きを習得させたい。みんなをできるようにしたい。

「ボールをもらう，ゴールに向く，シュート」の流れをリズムに乗って行います‼

例：キャッチくるんポン！

ボールを両手でしっかりとキャッチする。

どちらかの足を軸に半回転する。

リングに向かってシュートする。

キャッチ → くるん → ポン！

そのゲームで，一番魅力的で必要性の高い技術を全員が習得できる学習過程を示します。口伴奏などのリズムをつけて，わかりやすく，確実に習得できるようにしましょう！

　いずれも授業前にできる「ずれ」に対する準備です。しかし，どんなに準備して授業に臨んでも，「ずれ」は必ず生じます。うまくいくこと，いかないこともあるでしょう。授業中の「ずれ」です。「ずれそうなこと」を予測できたり，予想外の「ずれてしまったこと」に気づき，何らかの手立てを講じたりできるようになれば，次へのステップです。
　Aさんの悩み，Bさんのつまずき，Cさんと仲間との関係……。子どもたちの顔を思い浮かべながら，次の授業のことを考える。その営みが教師としての楽しみであり，喜びですね。

「絶対成功」ポイント

- 子どもたちの「願い」からの出発
- 子どもと教師の「ずれ」を想定する
- 子どもの「願い」と教師の「願い」をつなぐ

2 授業を成功に導く！単元のマネジメントスキル①
素材を教材に変える

「今日の体育は何をするのですか？」と子どもに聞かれたので「サッカーだよ」と答えました。喜ぶ子どももいれば，不安そうな顔をした子どももいました。ところで，全員が同じ「サッカー」を頭の中に思い浮かべているのでしょうか。

サッカーをすると，サッカーは学べる？

30人学級でサッカーをしました。半分に分けて15人対15人。運動場全体を使って本格的なコートをつくりました。いざ，キックオフ。

子どもたちは精一杯サッカーをやっているでしょうか？

ゲームを観察すると，やっている子どももいます。しかし，ゴール前に固まっておしゃべりしている子ども，ボールが来ないからと地面にお絵かきをしている子どもなど様々です。思い描いていたサッカーの姿とはかけ離れた姿がそこにありました。

このような授業では，サッカーという文化を知っている子どもは参加できますが，知らない子どもは「自分とは関係ない」と思うので参加しません。

つまり，**サッカーをしてもサッカーのもつ楽しさは全員が学べない**のです。

子どもは素材のままでは食べません。料理してあげましょう！

先ほどのサッカーは**素材**なのです。

素材を渡すだけで，素材を満喫できる人はその素材についてよく知っています。ところが子どもの場合，素材については知らなかったり，知っているつもりになっていたりという状態です。素材を渡されても，何もできないのです。ですから，教師が料理してあげる必要があります。

素材を料理したものを**教材**と言います。

教材名が「サッカー」であったと

教材化された「サッカー」

しても，素材の「サッカー」とはルールやコートの大きさなど全く異なるかもしれません。しかし，教材の「サッカー」を通して素材の「サッカー」のもつ楽しさを味わえたならば，子どもたちはサッカーの文化に参加したと言えるのではないでしょうか。

このような考えのもと，体育科では素材を教材にして子どもたちをスポーツの文化に参加させています。

教材にするための２つの視点

それでは，どのようにして素材を教材にするのでしょうか。教材にするためには，２つの視点が必要です。

視点①「何を学ぶのか」

体育も学習です。どのような動きをできるようにしたいのか。そのためには，どのようなルール，用具，学習環境（場）等が必要なのか。これらのことを明確にすることで，ただやるだけの運動ではなく意味のある運動，つまり教材にすることができます。

視点②「全員が参加できる」

子どもは自分ができそうだなと思うものに挑戦します。何度やってもできないと感じるものには距離を置こうとします。素材となるスポーツの技能の軽減が必要になります。

ただ，簡単にできすぎるものはすぐに飽きます。単に簡単にすればよいというものではありません。この微妙なさじ加減は，休み時間の子どもの遊びをみているとヒントがたくさん隠されています。子どもの遊びは，絶妙な挑戦課題で成り立っているからです。休み時間に子どもと遊ぶことは，教材づくりにもつながります。

休み時間，「マイルールサッカー」

「絶対成功」ポイント

・素材を教材にしてスポーツ文化に参加させる
・「学び」と「参加」の視点で教材づくり

2 授業を成功に導く！単元のマネジメントスキル②
指導は点ではなく線

今までできなかったことができるようになる瞬間は，教師の仕事の醍醐味と言えます。しかし，なかなかできるようにならないのも事実。ただ，子どもをよくみてみると，小さなできるを積み重ねていることがわかります。

「できる」と「できない」の間には？

「先生，わたし逆上がりできるよ」
「先生，ぼく泳げないからプール嫌い」
　子どもの会話を聞いていると運動のとらえ方が「できる（できた）」「できない」の2つであることがわかります。ただ，それはあくまでも子どもの主観であることが運動を観察するとわかります。
　例えば，「とび箱の6段をとべる」という子どもを観察すると，おしりをつかずにとぶことはできていますが，空中の姿勢が全くできていない場合があります。
　反対に，逆上がりはできないという子どもを観察すると，ふり上げ足をしっかり上げることができている場合もあります。
　「できる」「できない」の間には様々な「できる」が存在しており，それに子どもは気づいていません。それを気づかせるのが教師の役目と言えます。

下位教材でできるようにする

　体育で行う運動は素材ではなく教材でした。そのため，素材を教材にする必要がありました。ところが，はじめから教材として存在する運動があります。器械運動の技です。「逆上がり」や「開脚跳び」などです。これらは教材として昔から行われている運動です。
　ところが，このような技系の運動はいきなりできるものではありません。それまでの運動経験によって培われた，運動感覚が必要だからです。

「じゃんけんぽい！」「やったー!!」

人間は感覚にない運動をしようとすると怖くてできません。このような場合どうしたらよいのでしょうか。

教材には必ず下位教材が存在します。動きが似た運動で，しかも技能的に易しくなった運動です。

「逆上がり」でしたら「つばめ」「ナマケモノ」「こうもり」「ダンゴムシ」「足ぬき回り」という下位教材があります（子どもに親しみやすいネーミングになっています）。これらをすることで感覚づくりを行っていきます。つまり，下位教材をできるようにすることで，教材をできるようにするのです。

継続は力なり

右のグラフは，上達とそれにかかる時間の関係を表したものです。

破線のように，練習した時間と上達が比例すると子どもたちのやる気も続くのですが，実際はそうではありません。

実線のように，はじめは時間をかけてもほとんど上達しません。それまでの運動経験がない場合，感覚がないので時間がかかるのです。そこで「どうせ，できないんだ」とあきらめてしまうと，決してできるようになりません。

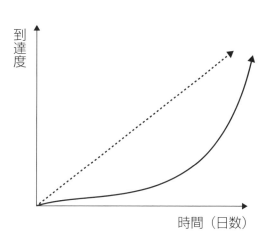

上達曲線

グラフの後半をみてください。到達度はぐんぐん上昇していますね。上達はある日突然伸び始めます。そして，一度伸び始めるとものすごい勢いで上達します。

私たち教師に求められるのは，そのある日まで子どもの気持ちを切らさずに継続させることです。先に述べたように，子どもの視点は「できない」「できた」の２つです。小さな「できた」を気づかせてあげましょう。小さな「できた」という点が集まると，できる道筋の線がくっきり表れます。

「絶対成功」ポイント

・教材でできないときには下位教材をできるようにする
・小さな「できた」に気づかせ，継続させよう

授業を成功に導く！単元のマネジメントスキル③
授業はチームでつくる

「学級王国」ではなく，今はチームで動くことが大切です。しかし，一から十までチームで話し合っていては，時間がいくらあっても足りません。どのような視点で話し合えばよいのでしょうか。

 ### 教師もチームで

「グループではなくチームに」「群れではなくチームに」。若いころ，先輩先生に，めざす学級を表わす言葉として教わったことです。これらの言葉は，学級というのは，人がただ集まっているのみの無機質な場所ではなく，互いによいかかわりをもって，成長していける集団でありたいということを意味している言葉です。しかし，これは，子どもだけに言えることではなく，教師集団にとっても大切な視点です。

授業チームの話し合い

私が学生時代に続けてきたアメリカンフットボールに，『ハドル』という言葉があります。「ハドル！」と号令がかかると，仲間が集まります。練習の最初や最後，試合中の１プレーごと，ここ一番というときの作戦タイム……いろいろな場面でこの『ハドル』がかかります。直訳すると「集まる」という意味ですが，そこでは，ただ集まる以上のことが行われます。次への作戦や行動をみんなで練り合います。時には，互いを励まし合います。時には，ふがいないプレーに激しい言葉で叱咤します。時には，助けてもらったことに感謝を述べます。互いのことを認め合いながら，自分の意思を伝え合います。そんな『ハドル』を何度も何度も繰り返すうちに，ただのグループや群れではなくチームとしてつながっていきます。

教師一人一人が主体的にかかわり，自分の意思を伝え合えるチームであることは，学年，学級の子どもたちにも必ずよい影響をもたらします。人としっかりつながることができることは，教師力の中の大きな力です。（コラム「同僚性」p.132参照）

⭐ 過去，未来，いま

運動会に向けての取り組みでみてみましょう。行事は，教師にとっても，子どもたちにとっても，「チーム」を築いていくための絶好の機会と言えます。学年やプロジェクトチームで話をする機会も多くなるのではないでしょうか。体育では，普段の教室での学習以上に子どもたちの力の差がはっきりと表れます。テストの点数は公開されることはなかなかありません。しかし，体育においては「できる」「できない」が目にみえる形ではっきりと示されてしまいます。さらに，運動会では，クラスの友達のみならず，親や親戚なども訪れます。

日々の成果をみせる最高の場

「どうせ勝てないからいいわ」
「私にはできないからやりたくないなあ」

そんな心のカベをつくってしまう子もいます。同時に，運動会は，日々の学習の成果，子どもたちの成長をみせるための最高の場でもあります。どの子どもも意欲的にその最高の場に向かえるようにすることは，教師の使命です。そして，個々の力が同じベクトルを向くことで，集団としての団結力，学級力も高まっていきます。

そのためにも，まず教師が1つのチームとなり，準備を周到に行っておきたいものです。どのようなことを考えておけばよいのでしょうか。子どもたちの「過去・未来・いま」という3つの視点から話し合いを進めましょう。運動会に向けての取り組みを例に紹介します。

①子どもたちの『過去』から―すべての子どもが意欲的に学習に向かうために―
過去に学んできたことや経験から，意欲を喚起する目標，学習の道筋が子どもたちに十分に理解される具体的な方法を創出します。
(例)
○課題の設定
　簡単すぎたり，難しすぎたりするものではなく，少しがんばればできそうな課題（踊りや技，動き）を設定しましょう。子どもの事実を共有して，子どもの挑戦欲をくすぐる課題を設定したいものです。

○スローガン・旗づくり

　子どもたちの実態を基に，リレーや集団演技などで，テーマともなるスローガンを決めます。これからの学習の柱になります。また，学級や色のチームで，運動会に向かうための思いを込めた旗をつくり，教室などに掲示するのもいいですね。

学級の旗

○スケジュール

　本番までのスケジュールを示します。普段の様子を鑑みて，無理のない計画を立てましょう。いつどんな技や場面を練習するのかわかるようにすることで，見通しをもって学習に向かえるようになります。また，教師にとっても1つの指針となります。

練習スケジュール

②子どもたちの『未来』へ─伸びを実感でき，次の自分の姿を描けるように─

未来の子どもの姿を思い描き，めざすゴールを設定するとともに，動きや考えを自己や仲間とすり合わせられる場や方法を創出します。
（例）

○ゴールの姿の設定

　主体的に練習に向かう姿，Aくんが仲間と共にがんばる姿……。学年として，学級としてどんな姿をめざしていくのか，運動会でどんな成長を期待するのか。話し合います。

○交流の場の設定

　授業後，学習カードの記入した感想やコツを交流したり，互いに成果を見合える場を設定したりすることも，次なる自分を思い描き，主体的に学習に向かうために効果的です。学級通信や学年だよりに掲載するのもよいですね。

個人学習カード

③子どもたちの『いま』のために―かかわり合いの中で,安心して学習に向かえるように―
過去,未来を念頭におき,教師や仲間とのかかわり合いが必然となる場を設定して,いまを一生懸命になれる方法を創出します。
(例)
○ペア・グループ練習の設定
　組体操の2人技や低学年のダンスなどではペアで,リレーや中学年以上の表現運動ではグループで学習する時間を確保します。みんなのペースについていきにくい子どもも,安心感をもって学習に取り組めます。

○先生にお悩み相談タイム
　子どもたちと対話するための時間をつくります。いま悩んでいることを相談したり,いまのがんばりをしっかりほめたりしたいものです。給食の時間などを利用して,食事をしながらお話するのもよいですね。

○教師チーム相談タイム
　教師も顔を合わせて話をする時間をとりましょう。1日10分でもよいです。いつするのかあらかじめ設定しておくと時間を無駄にしません。進捗状況や予定外の出来事などを共有し,微調整を行います。

　ここでは,運動会に向けての例を挙げましたが,他の行事や普段の授業でも同じです。「過去・未来・いま」,話し合いの視点を明確にしておくことで,効率的に準備も進めることができます。
　さあ,教師もチームで「ハドル」してみましょう!子どもたちの笑顔のために!

ハドルで「過去・未来・いま」を語り合う

「絶対成功」ポイント
・教師チームの一体感が子どもの一体感へとつながる
・「過去,未来,いま」の視点で単元をつくろう

3 すべての子どもが参加できる！授業のマネジメントスキル①
体育授業の型

ものごとの上達の道は「守破離」で表されます。まず大切なのは「守」です。基本を忠実に行えるようにならなければなりません。ところで，体育授業の基本とは何でしょうか。いろいろとありますが，その中の１つに授業の「型」があります。

体育の授業の流れは決まっています

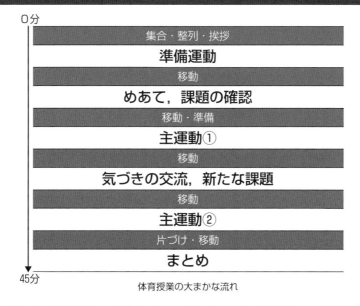

体育授業の大まかな流れ

上の図，これまでに何度か出てきました。マネジメントは色がついた活動をどうするかが大切でした。授業の型とは黒字部分です。

1) 準備運動
2) めあて・課題の確認
3) 主運動①
4) 気づきの交流・新たな課題
5) 主運動②
6) まとめ

このようにまとめると，とてもシンプルなことがわかります。この型で授業をスムーズにできるようになることが体育授業の「守」になります。

準備運動＝学校文化の大切さ

　体育の授業の型は，1）～6）の流れがありますがここでは「準備運動」と「主運動」について説明します。

　「準備運動」については第2章で述べた通りです。ですから，ここではちょっと違った視点で準備運動をみてみます。

　読者の先生方の学校には，学校全体で共通している体操やスタイルはありませんか。「○○っ子体操」や「○小体操」のようなものです。

　赴任したばかりの体育の時間，一番わかっていないのは先生というくらい，子どもたちに浸透している学校文化としての体操やスタイルがある場合があります。そのようなときは，ぜひそれに乗っかりましょう。これこそ準備運動の型です。6年間繰り返し継続してできる運動になります。しかも，高学年になればなるほどスムーズにできますから，他の運動も行えます。また，少し改良を加え，それを学校文化にする手もありますね。学校文化の影響は大きいですから，これを上手に活用しましょう。

主運動は2つに分ける

　体育授業のメインとなる主運動。子どもたちが一番楽しみにしている時間でもあります。ただし，この時間をあえて2つに分けます。理由は学習を成立させるためです。

　運動の時間が長ければ長いほど，授業外のことをやる子どもが出てきます。特に体育は机や椅子がないため，動き始めると特にその傾向が強くなります。また，1時間ですぐにできるようにならないこともありますから，長時間同じことに挑戦することができない子どもにとっては，苦痛です。そこで，主運動を2つに分けることで変化を与えます。

　例えば，マット運動やとび箱運動などの器械運動では，主運動①は全員が挑戦する技，主運動②では個人で挑戦したい技と変化させます。

　ボール運動などのゲームなら，主運動①のゲーム中に気づいたことを用いて，主運動②のゲームを行うことを促します。

　もちろん，授業の流れによっては1つにするときもあります。

「絶対成功」ポイント
・学校文化としての準備運動には乗っかろう
・主運動は2つに分けて変化を与える

3 すべての子どもが参加できる！授業のマネジメントスキル②
指導の「はじめ」「なか」「おわり」

前のページは，授業の「型」の運動部分についての記述でした。運動部分を子どもの時間とすると，残りの項目は教師の時間です。これをわかりやすく，指導の「はじめ」「なか」「おわり」と分けると，具体的に何をすればよいのでしょうか。

はじめ：めあて・課題の確認

「やったぁ，体育だぁ」と思って張り切っている子どもたち。決して遊ぼうと思っているわけではありません。ただ，何をするかが明確でないとせっかく体を動かせる時間だから……とゴールが違う方向に行ってしまいます。

この「ゴール」の方向を示すのが「はじめ」です。運動をする前に，この授業で何をめざすのかその方向性を子どもたちに示します（ですから，準備運動の前に「はじめ」をもってくる先生もいます）。

体育では黒板をあまり使わない傾向にありますが，めあてや課題の確認をするときにあると便利です。

運動場の場合，右の写真のようなスケッチブックやコルクボードが黒板の代用として使えます。

黒板以外の視覚化の例

なか：気づきの交流・新たな課題

前ページで主運動は2つに分けると述べました。分けられた2つの主運動をつなぐ役目をするのが「なか」です。主運動①で気づいたことを全体で共有したり，新たな課題を出して主運動②の意図をつかませたりする時間です。

と書くのは簡単ですが，実際にやってみると形式的な時間になりがちです。子どもたちは早く運動をしたくて心ここにあらずの状態になるのです。

この「なか」に関しては，ぜひいろいろな先生の授業をみてほしいと思います。授業のうまい先生は，この「なか」の指導がうまいです。体育の授業観察の視点として「なか」の指導に注目することをお勧めします。

おわり：まとめ

　運動を終えた後，学びを確認する時間が「おわり」です。要するに学習のまとめの時間ですが，具体的に何をすればよいのでしょうか。

　運動は感覚的なものです。つまり主観で行っています。主観のまま終えてしまうと，学習は個人の世界にとどまったままです。そこで言語化することで，仲間と共有することができます。ですから，「おわり」とは言語化すると思うのも1つの方法です。

　言語化のさせ方ですが，以下のような方法があります。

> 低学年・中学年　→　教師による質問
> 高学年　　　　　→　学習カード
> 　　　　　　　　　　グループごとの話し合い

　運動を言語化するのは難しいので，低・中学年では教師が質問することで運動を言語化します。それに答えながら，運動を言語化するイメージを体得していきます。特に子どもが答えたときのオノマトペ（「ぐるんと」「ぐっと」など）は，運動を言語化するときのスタートになりますので，ほめながら運動と言語を一致させます。

　高学年になるとある程度の言語化ができますので，学習カードに書かせたり，グループごとに話し合わせたりします。それができない場合は，高学年でも教師による質問を行います。

主観を言語で共有化

「絶対成功」ポイント

・「はじめ」→視覚情報で活動のゴールを示す
・「なか」　→授業観察は「なか」を見て学ぶ
・「おわり」→運動を言語化して共有する

3 すべての子どもが参加できる！授業のマネジメントスキル③
「～を教える」「～で教える」

全員がとび箱をとべるようにする。逆上がりをできるようにする。それでよいのでしょうか。体育で教えることは何でしょうか？　算数や国語と何か違うのでしょうか？

算数の学びと違うの？

　算数「分数のわり算」の授業において，「とにかくわる方をひっくり返してかけたらいい！　覚えとけ！」ということはしません。既習事項や図，絵などを駆使して，その意味や構造をみんなで考えたり，適応問題をしたり，わかったことを生かして活動を行ったりもします。なぜそんなことをするのでしょう？　できるようになればそれでよいのに……。

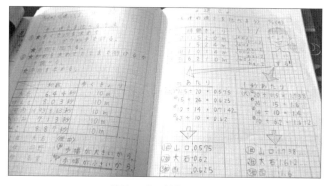

思考のみえる算数のノート

　この「分数のわり算」の例のみならず，授業では，学習内容をただ習得させるだけでは不十分だと感じているからです。その解決過程における考え方を身につけたり，学習すること自体の楽しさを感じたりすることで，次につながる力，転用できる力を身につけさせたいからです。これは，体育科の学習指導要領にある「生涯にわたって運動に親しむ資質や能力を育てる」と通じることです。

　しかし，実際には「できる」ことが優先され，「とにかくやり方を覚えてやれ！」ということになっていないでしょうか？

前転の授業

　前転の授業で考えてみましょう。前転には，「腰の位置を上げ，両手で着手」「背中を丸めて滑らかに回転」「足を引きつけてお尻を上げる」などのコツがあります。それらをまず伝えることから授業が始まり（それすらもなく，ただささせるだけで終わることも……），先生に言われた場や方法で，子どもたちは一生懸命に練習を続け，前転ができるようになることをめざす。

このような授業を毎回続けているとどうなるでしょう。先の算数の例で言えば，方法を教えてもらい，ひたすら練習問題をこなす授業です。

そこに子どもたちの創意工夫や思考はありません。次につながる力や転用できる力を身につけることも期待できません。さらには，毎回このような授業ばかり続けていると，「できる・できない」ばかりがはっきりしていき，体育嫌いを生み出すことにつながりかねません。これは，「前転を教える」授業です。この前転「を」から，前転「で」教える授業に変えていきたいものです。

仲間と豊かにかかわりながらみんなでコツを見つけていったり，自分の課題に合った場で練習したり，次につながる技の見通しをもったりできる授業です。「前転」という技術を学ぶのみならず，「前転」という技術を習得する過程で得た学び方やその楽しさを味わうことが，今後の「生涯にわたって運動に親しむこと」につながるのではないでしょうか。

「～を教える」から「～で教える」へ

ここ数年，子どもたちの体力は下げ止まり傾向であると言われていますが，昭和60年ごろと比べるとまだまだ低い数値です。「意図をもって運動する機会の減少」が原因の１つではないかと考えています。「投げる」をとってもみても，ドッジボールやろくむしという遊びで，相手に向かって投げる。水面を何回跳ねさせることができるか競うために，石を川に投げる。狭い場所での草野球で，アウトにするために送球する……意図をもって，意志をもって投げる機会が，私が子どものころにはたくさんありました。意図をもつということは，目的があります。その目的を果たすために考えます。失敗すれば修正を行い，再び挑戦します。今の子どもたちは，こういった経験が圧倒的に減少しました。これは，ただ投げ方を教えるだけでは解決しません。上記の授業のように，「いま」「ここ」で行われる運動を，子どもたち自身が自分事として感じ，仲間と豊かにかかわりながら，試行錯誤しながら楽しむことでしか光は見出せないと感じています。学校では，１時間１時間の授業の中で，ただ「できる」のみではない，そんな経験の積み重ねを子どもたちに保証していくことが求められているのではないでしょうか。

授業を組み立てる際，教師が，「～を教える」から「～で教える」へと意識を少し変えるだけで，授業はまったく違うものになります。運動を楽しむ子どもたちのいきいきした笑顔，その姿を一緒に楽しむ教師の笑顔がもっともっと広がることでしょう。

「絶対成功」ポイント

・習得する過程に学びや楽しさがある
・「～を教える」から「～で教える」へと意識を変えてみよう

4 優れた実践から学ぶ！領域別授業マネジメント①
共創長なわとび「8＆6」～個から集団へ～

なわとび運動はややもすると個人の学習になりがちです。また「できる・できない」がはっきりとしてしまうために、できない子どもはやる気を失いかねません。どのように授業を組み立てればよいのでしょうか。

 個から集団へ

　長なわを使った単元展開例を紹介します。「できる」ことのみを追求するのではなく、コツの交流を通じて、みんなでなわをとぶ楽しさを存分に味わえるようにしていくことをねらいます。そこで、以下のように単元の展開を構想しました。まずは、個人でこの単元に必要な動きをある程度身につけます。その後、その動きを2人組やグループで広げていきます。最後は自分たちのオリジナルの技を完成させていきます。個の学びが集団への学びへとつながっていきます。

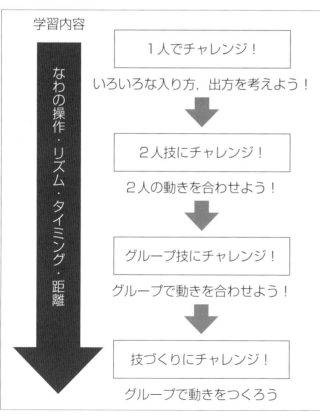

「8＆6」単元の流れ

　長なわとびを用いた授業では、個人で回数にチャレンジしたり、8の字とびをしたりといった活動がよく行われています。しかし、長くとぶことが得意ではない子ども、入るタイミングがうまくとれない子どもは、この時間がつらい時間になっている子もいました。

　本学習では、習得する動きは限られたものですが、それらを組み合わせることでより魅力的な課題を設定していきます。

　集団でしか解決できない課題を設定することで、技能の差があっても、すべての子どもが同じ土俵で学習課題に向かうことができます。

8＆6！

回るなわに対して，8つの通り抜け（入ったところと違うところから出る）技8種類と6つのリターン（入ったところと同じところから出る）技6種類です。これらを合わせて基本技8＆6と呼びます。個で行う運動です。

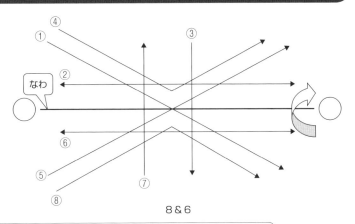

8＆6

基本8パターン
①かぶりとび　ななめ抜け　　②かぶりとび　平行抜け
③かぶりとび　直角抜け　　　④かぶりとび　クロス抜け
⑤むかえとび　ななめ抜け　　⑥むかえとび　平行抜け
⑦むかえとび　直角抜け　　　⑧むかえとび　クロス抜け

さらに，個から集団へと運動を広げていきます。基本技の8＆6を組み合わせたり，人数を増やしたりすることで新しい課題が生まれます。課題をクリアするには，仲間と動きや気持ちを合わせることが必要となります。

◇2人で　　　　　　　　◇3人で　　　　　　　　　◇手つなぎで

「できる・できない」を乗り越えて，仲間と共に運動に向かう姿。学級力へと直結します。単元構想の段階で，1つのキーワードとして「個から集団へ」を意識してみましょう。これも体育ならではの学びの方法とも言えるでしょう。

「絶対成功」ポイント

・個の学びを集団の学びに
・「できる・できない」のみに頼らない学習課題の設定を

4 優れた実践から学ぶ！領域別授業マネジメント②
ネット型ゲーム「バウンドアタックバレー」～思考の流れ～

ネット型ゲームを始めると，ワイワイと盛り上がります。しかしその様相をみてみると，互いのコートにボールを返し続けるばかり。三段攻撃を基本とした連係プレーを生み出すためにはどうすればよいのでしょうか。

子どもの思考に沿った単元展開

　ネット型ゲームは，相手のコートにボールを落とすことをめざすゲームです。さらにバレーボールなどを基にしたゲームは，落とすため（落とさせないため）に仲間と連係すること（三段攻撃など）が必要となります。しかし，既存のバレーボールのように6人対6人，ルールもそのまま行ったのでは，子どもたちがこれらのことを十分に理解することも，参加率を高めることも困難です。

　そこで，以下のようにアレンジします。
・ボールはよく跳ねるソフトバレーボール，ワンバウンドOK ⇒ すべての子どもが怖がらずにゲームに臨めるようにする。
・1vs1→2vs2→3vs3とゲーム人数を増やしていく，1攻撃につき1回だけ触れられる。
　　⇒ 三段攻撃などの連係する動きについての意味理解を深める。

　本授業では，ゲーム人数を変化させることで，無理にゲーム理解を教え込むのではなく，子どもの自然な思考の流れに沿った単元展開を試みます。

子どもの思考に沿った単元展開

◇1vs1

・相手のコートにボールを落とせば得点（ワンバウンドまではセーフ）。
・はじめは，キャッチ＆スロー。慣れてきたら，はじく。

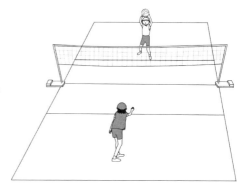

ネットの高さ120cm程度　ソフトバレーボール64cm

「どこにボールを落とせばいいかな？」

攻守一体型ゲーム（卓球やテニス）のように1vs1からゲームを開始します。

コートには常に1人しかいないので，必ずボールを触ることになります。ボールを落とす・落とさせないというゲーム構造を理解するとともに，どこに落とせば得点になりやすいのか，どうすれば守りやすいのかを考えることにつながります。

◇2vs2

「1人増やしてゲームをするよ。どんなことができるかな」

1人増えることによって，1人が相手の攻撃を拾って，もう1人が攻撃をするという連係の動きにつながります。1vs1での気づき「どこに落とすのか」をより実行しやすくなります。

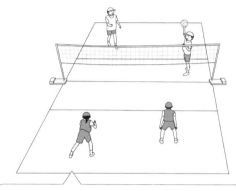

1人1回だけボールに触ることができる。

◇3vs3

「もう1人増やしてゲームをするよ。どんなことができるかな」

さらに1人増えることによって，間に「ととのえる（セットアップ）」役割ができます。2vs2のときよりも，よりよいポジションからアタックが打てることで，連係するよさを実感できることを企図しています。

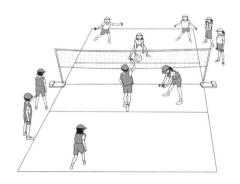

「今日は2人vs2人（3人vs3人）でやるよ！」と言うと，子どもたちからは歓声が上がります。人数が増えたからもっとうまくいく，もっといろいろなことができると直感で感じるのでしょう。しかし，実際には，なかなかうまくいきません。「なんでだろう……」。

この「ずれ」からまた次の学習が始まります。学習への勢いが生まれます。このように教師側の都合のみではなく，子どもたちの思考の流れを想像しながら柔軟な発想で単元を構築していきます。

「絶対成功」ポイント

- ×教え込みの展開 ⇒ ○子どもの自然な思考の流れに沿った展開に
- 場，ルール，用具，人数など柔軟な発想で単元を構築しよう

4 優れた実践から学ぶ！領域別授業マネジメント③
体つくり「遠くに投げよう」 〜主体的な学び〜

「できる」ことが優先され，「とにかくやり方を覚えてやれ！」という授業になっていないでしょうか。子どもたちにとって「させられている運動」になっていないでしょうか。投動作の授業で考えてみましょう。

主体的な学び

　体育は身体活動を中心とした学習。一見すると，主体的に学習に向かっているように見えます。しかし，教師に指示された運動をしているだけ，なんとなくできるようになっただけ，といった授業も往々にして存在します。子どもたちが「こんな風になりたい」「こんなことを楽しみたい」と願いをもち，仲間と共に課題に向かう姿を望みたいものです。さらには，「○○で教える」ことが，「○○で学ぶ」力をもった子どもたちを育てていくことにつながることまでを見通して，私たちは授業を構築していかなければなりません。主体的な学びをつくる１つの手法であるジグソー法を取り入れた１時間の授業展開例（低学年）で，具体的にみてみましょう。

主体的に学べる１時間の展開

①心と身体をほぐす
　赤対白に分かれて，互いの陣地にボールを投げ合う。
②今日のめあてを知り，本時の学習の見通しをもつ

> いろいろな形のモノをくふうしてとおくになげよう！

「どれが投げやすそうかな？」
「僕はあの棒みたいなモノを投げてみたいな」

> ここでは，あえて試技はさせず，見た目で選択させることで，「投げてみたい」と意欲をかきたてる。

☆以下の３つから１つ選ぶ。

Ｇボール

長板（スポンジ）

タイヤ

③エキスパートグループで投げ方を考える（エキスパート活動）
「身体のどこを動かすのかな」
「後でグループのみんなにうまく伝えられるようにしないといけないな」

後で，ここで得たものを原グループに伝えるという目的を伝えることで，より活発に探求活動に向かえるようにする。

④元のグループに戻り，考えを伝え合う（ジグソー活動）
「タイヤは真ん中をつかんで1回転して投げるといいよ」
「棒は端っこを持ってぐるぐる回るように投げるといいよ」

試技や質疑応答も行い，お互いの成果を自らの考えと比較し，そのよさを実感させる。

⑤モノの違いによる投げ方の共通点や相違点を交流する
「なんか勢いをつけるといいみたいだ」
「どこかをひねると勢いがつくよ」
「持ち方はいろいろあるみたいだな」

仲間の考え方のよさや自分の成果をふりかえり，遠くに投げるために大切なことを考える場とする。

　学びのスタート地点も歩む速度も違うたくさんの子どもたち。一律の方法で，「知識，技術の獲得」のみをめざす授業では，すべての子どもが主体的に学びに向かうことは困難です。そこにいる子どもたちの身体能力の違いのみならず，心の動きも様々ですから。「○○したい！」「○○になりたい！」を大切に，結果ではなく過程に重きを置くことで，主体的な学びへとつないでいきましょう。

「絶対成功」ポイント

- 「できる」のみならず学び方やその楽しさを学びの中心に
- 「○○したい！」「○○になりたい！」が湧き上がる授業に

4 優れた実践から学ぶ！領域別授業マネジメント④
水泳「いっしょに泳ごう！」 ～協同的な学び～

水泳は，学習の場が陸上から水中に変わります。いつもの体育とは違うのでしょうか。水泳の学習でも体育の授業のノウハウを活用して，子どもたちがつながる授業を組み立てましょう。

ゲーム化

体育の授業では，運動をゲーム化することがよく行われます。運動を楽しく行うための1つの方法です。水泳の学習では，繰り返しの練習ばかりで訓練のような雰囲気になることもあります。また個の学習中心になることも多いです。水泳の学習でも工夫次第でゲーム化を活用してみましょう。

ゲーム化することで，意欲が高まります。必然的に仲間とかかわります。子どもの実態を把握して，最初は水泳の苦手な子どもでも参加しやすいゲームを準備します。

例：ビート板押し競争

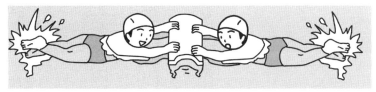

1つのビート板を挟んで，互いに押し合います。審判をつけて，動きを見合うのもいいですね。

シンクロ泳ぎ

マット運動やとび箱運動において，シンクロさせることにより，動きを学ぶ学習にすることもできます。同様に水泳でもこのシンクロを取り入れてみましょう。仲間と息継ぎや手を掻くタイミングを合わせて泳ぐことを課題として取り入れます。合わせることで，自分の身体の動かし方を意識します。同時に，仲間の動きを意識します。

例：シンクロ

平泳ぎの息継ぎのタイミングを合わせて25mを泳ぎます。

「顔を上げたら，見つめ合ってニコッとするよ」などと声をかけると盛り上がります。

★ 教え合い・学び合い

　個人の技能を高めることのみに重きが置かれがちな水泳の授業でも，子ども同士のかかわりを必然的につくり出していくことができます。逆に，水泳のような，個々の力の差が大きいものほど，学級力を高めるチャンスであるととらえることができます。まずは，最少人数である2人組をどんどん活用してみましょう。私たちの少しの発想の違いで，学級の力が高まるチャンスとなります。

「力を抜いて，パッと息継ぎするよ」

　その際，①「見合いポイント」を示すこと，②アドバイスし合う時間を確保することの2つが大切です。

　また，教師が率先して，具体的なアドバイスをすることで，その言葉が子どもたちにも広がります。苦手な子もポイントを言うことができます。

　みんなでできない子をできるようにしてあげようという勢いが生まれます。かかわることで笑顔が溢れます。

「絶対成功」ポイント

- 「ゲーム化」「シンクロ」「学び合い」など仲間といっしょの学習を
- 「2人組」を活用してかかわりの必然性をつくろう

4 優れた実践から学ぶ！領域別授業マネジメント⑤
マット運動「シンクロマット」 〜かかわり合い〜

個人の技能の獲得が学習の中心になりやすい器械運動。できない子どもはどんどんやる気を失っていきます。どうすれば1人の学びがみんなの学びへと広がっていくのでしょうか。

★ 個の喜び＜集団の喜び

　マット運動は，自らの身体を操作して技を習得していくことが楽しい運動です。できなかった技ができるようになったり，美しくできるようになったりしたときは大きな喜びとなります。新たなことができるようになった子どもは，個人的達成感を得ることができます。しかし，運動を苦手とする子どもは，できない技が多くなり，マット運動に無関心になってしまうということも少なくありません。
　この個の喜びを集団の喜びへと昇華させていくことにより，すべての子どもが主体的に学習に向かえるようになります。そのために仕掛けが必要になります。
　高学年の教材「シンクロマット」を通して，個の喜びを集団の喜びに変えていく仕掛けを紹介します。

★ シンクロマット

①場の設定

　右の写真のようにマットを十字に置きます。
　十字にすることで，互いの動きを見やすくなります。また，いつもの縦置きマットとは違うことで，子どもたちにとって魅力的な場となります。子どもたちの興味を引き

「せ〜の！」みんなの動きをそろえるよ

ます。どのような技を組み合わせることができるのか想像が広がることでしょう。

②学習課題の設定

　「うつくしい演技をチームでつくろう！」が単元を通しての学習課題となります。難しい技に挑戦することが課題ではなく，「うつくしい」とは何かをチームで考えるところから学習が始まります。8呼間×4のリズムに合わせて1つの作品を完成させていきます。技能の差に関係なく，同じ土俵で学習に向かうことができます。

③単元展開（2人→4人）

　単元前半は，2人組でシンクロマットを完成させることをめざします。単元後半は4人組です。当然2人より4人でシンクロすることの方が難易度は上がります。

　2人組で，何が「うつくしい」のか，そのためのコツや気をつけることは何なのかなど積み上げていきます。その積み上げを基に4人組の演技をつくり上げていきます。

④黒子（サポート）役

　2人で演技のときはグループ内で補助します。4人で演技のときは兄弟グループに補助してもらいます。この補助役のことを黒子と呼びます。黒子は文字通り観客にはみえない役割です。演技の「うつくしさ」にも直接関係しない約束とします。みんなと同じ技が1人ではできない場合でも，黒子にサポートしてもらいます。練習時から，黒子役とどのタイミングでどんな風にフォローしてもらうのか話し合うことが必要となります。

サポート役といっしょに作品を完成させよう

⑤学びのゴール

　個の技能の伸びやがんばりはもちろん評価していきます。しかし，学びのゴールはあくまで，4人で1つのうつくしい演技をつくることです。教師がゴールをぶれずにイメージすることで，子どもたちの意識も変わっていきます。個の喜び≦集団の喜びとなります。

「絶対成功」ポイント

・個の喜びを集団の喜びへと昇華させる仕掛けを準備しよう
・教師がぶれずに学びのゴールをイメージしよう

4 優れた実践から学ぶ！領域別授業マネジメント⑥
表現「ダンス」　～表現力＝学級力～

「表現の授業＝運動会のダンスの練習」となっている学校も多いですし，表現と聞くと「苦手だなぁ」と感じる教師も多いです。しかし，表現の授業をやってみると子どもの創造力に驚かされます。そして学級力も感じることができます。

表現の世界をつくる

　子どもたちが，「変顔」という言葉を使うときがあります。歌を歌っている，トランペットを吹いている，スポーツをしているなど，一生懸命に何かをしている人たちの写真や映像をみてです。一流の人たちでも関係ありません。なぜでしょうか？

　それは，その行為をしている人たちの世界を知らないからです。例えば，ある有名な歌手のことを知っている子どもは，その人の背景まで知っています。ですから，写真をみたときに，同時にその人のいる世界をみていることになります。しかし，そのような背景を知らない人は，自分の価値観のみ，つまり現実の世界のものさしでみることになります。違う世界を現実の世界の価値観でみるわけですから，当然「変」ということになります。ですから表現の授業をするにあたり，「表現の世界」をつくらなければなりません。なぜなら，どんなにすごい動きで表現しても，現実の世界にいる人が多ければ「変」ということになるからです。

男女＝みんなでつくる

　高学年で表現の授業を始めると，はじめのうちは当然ですが現実の世界のままの子どもがたくさんいます。この「現実の世界」のことを表現では「素」と言います。つまり，表現の世界にするためには，子どもが「素」にならないようにしなければなりません。子どもは「素」になると次のような姿をみせます。

> ※素になったときの子どもの姿
> ①下を向く
> ②壁にくっつく
> ③男子同士でくっつく

　③は不思議な光景です。なぜこのようなことをするのでしょうか。

子どもの様子を観察すると，あることに気づきます。男子同士がくっつくグループは男女が分かれて活動しています。つまり，男子がくっつくのは照れや恥ずかしさの表れです。

　そこで，表現の時間の準備運動は，毎回リズムダンスを行うのも1つの方法です。「心と体をひらく」ことをめざして，体ほぐしの感覚で行えるからです。

　第1時は教師といっしょに，第2時からグループごとにと子どもに委ねていきます。誰かがした動きを全員で行うという単純なダンスです。

　きっと単元当初はなかなかダンスできないグループが多いはずです。そこで「動きが止まると素になるよ。**グループみんなで動きをつなぐ**」のように，表現の授業というよりはクラスづくりのつもりで声かけをしてみましょう。必ず率先して動いてくれる子どもがいます。現在担任しているクラスでそのような子どもが何人いそうですか？　表現の授業をすると，他の授業では感じる取ることができない学級力を感じることができます。

★ 声がつくる世界

　男女がいっしょに活動し始めると，授業の雰囲気が活発になります。この活発とは，動きだけでなく声が出てくることを表します。声の音量は表現の活動が活発になることと比例します。知らない世界では，人はひそひそ話しますね。声が出るということは，その世界に浸っていることを意味します。

　表現の世界とは，共に体を動かす，共に動きを共有することができる仲間がいて成り立つ世界です。

　つまり，表現の授業は「**表現の世界を共有する仲間づくり**」が大切と言えます。

　表現の授業がうまくいくとき，必ずクラスもうまくいっている証拠です。

世界に浸る子どもたち！

「絶対成功」ポイント
・表現の世界をつくることからスタート
・表現の世界づくりは仲間づくり

型から離れる

守破離の「破」は，いつ？

　第3章で「体育の授業の型」について述べました。ものごとの上達の道を「守破離」で表すと，「守」とは「体育の授業の型」通りに授業ができるようになることと言えます。

　では，いつになったら「破」，つまり型を破って自分オリジナルの授業ができるようになるのでしょうか。

　型を破って授業をするのは今でもできます。そして，もしかすると，その授業の方がうまくいくかもしれません。

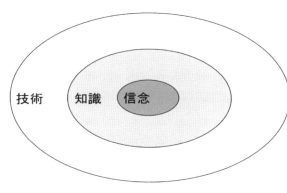

授業力量の3層モデル（木原2004）

　左の図は，コラム「授業力の要素」(p.16)で紹介した授業力の3要素です。

　型通りに授業ができるとは「信念」「知識」「技術」のどの力を身につけているのでしょうか。

　それは「技術」です。いつでも，一定して学びのある体育の授業ができるように，体育の授業の型を身につけます。

　もちろん，それ以上に適切な指導スタイルもあるかもしれません。しかし，まずは「問題意識をもたせる」「気づいたこと（個人の学び）を共有する（全体の学びにする）」といった，体育の授業をするうえで必要な技術を身につけることが大切であることは間違いありません。ですから，体育の授業を成立させる技術が身についたとき，そのときこそが「破」の次期と言えるかもしれません。

信念が変われば技術も変わる

　ただ，体育の授業の技術が身につくと同時にある変化が起こります。それは授業に対する信念が変化してくることです。

　信念とは，上のモデルが示すように外からは見えません。そのため，教師の信念を知るためにメタファ法というおもしろい方法があります。

```
授業は（      ）のようだ。
なぜなら（           ）だからだ。
教師は（      ）のようだ。
なぜなら（           ）だからだ。
教えることは（      ）のようだ。
なぜなら（           ）だからだ。
```

　「授業」「教師」「教えること」を何かに例えてもらい，そう考えた理由を聞きます。その解答や理由から信念の傾向を探る方法です。ある研究によると，「(教師から子どもへの知識) 伝達の場」と「(教師と子どもの) 共同作業の場」という2つの授業モデルの傾向が見られ，前者は学生に，後者は教師に多かったそうです（秋田1995）。

　このように，信念というものは普遍的なものではなく，経験（実践的な知識の獲得）とともに変化していきます。信念が変わっていくならば，当然技術も変わっていくでしょう。

　ですから，「型を破らないと！」と言うよりは，気づいたときに型は破られていると思います。授業観や児童観といった信念が変わっているからです。

不確実性

　教師の仕事の特性に「不確実性」があります。（佐藤1997）

　「不確実性」とは絶対確実なものが存在しないということです。

　ある授業でうまくいったことが，次の授業でもうまくいくとは限りません。ある子どもに対して有効だった指導法が，別の教室の子どもに有効とは限りません。このようなことはここで説明しなくても，日常の学校生活の中で教師は日々感じることです。

子どもと共に学び続ける教師に！

　ですから，教師は学び続けなければなりません。「これが絶対によい方法だ！」と思ったときに，落とし穴が待っています。終わりなき旅のようですが，目の前の子どものために試行錯誤しながら自分を高めていかなければなりません。ゴールはないのかもしれません。しかし，やりがいのある職業と言えます。

第4章 体育授業をビシッと成功させる！指導スキル＆アイデア

1 子どもの変化に気づく！「観る力」

1 これで納得！「観る力」早わかり解説①
見る？看る？観る？ことから始めよう

子どもたちのニーズに合った指導をするために，まずしなければならないこと。それは子どもたちの現状をみることです。今，あえて「みる」としましたが，みるにはいろいろとあります。どの「みる」がよいのでしょうか。

★ 洞察の観る

「みる」を辞典で調べると以下のような言葉がありました。

> ①目にとめて知る
> ②ながめる
> ③よく注意して観察する
> ④世話をする　　　　　　　　（広辞苑）

この意味に漢字を当てると，④は「看る」であることがわかります。ところが①～③は「見る」「観る」ともに当てはまりそうです。

体育の授業でめざす「みる」とは「洞察」です。

> 洞察：物事をよく観察して，その本質を見抜くこと。物事の奥底まで見通すこと。
> 　　　　　　　　　　　　　　　　　　　　　　　　　　　（明鏡国語辞典）

これに対して陥りたくない「みる」とは「傍観」です。

> 傍観：手を出さずに，そばで見ていること。物事のなりゆきを離れた立場で見ていること。
> 　　　　　　　　　　　　　　　　　　　　　　　　　　　（明鏡国語辞典）

洞察の「みる」は観察のニュアンスがあるので「観る」，それに対して傍観の「みる」を「見る」として本書では区別します。子どもの動きを観察し，動きの本質を見抜く。そのような「観る」を体育ではめざします。

子どもの意欲を左右する「みる」

　手紙やメールを送ったのに返信がない。このとき，みなさんはどのように感じますか。
　「無視しているのかな」「どうでもいいと思っているのかな」など否定的にとらえませんか。
　運動している子どもたちを傍観するだけ，つまり「見る」だけでは子どもが同じように感じます。

「みる」場面はたくさんあるけれど

　子どもたちは自分ができるようになると「先生，見て」と来ますが，本当に見るだけを望んでいるのではありません。それに対する先生の反応を望んでいます。
　子どもの運動を「観る」と，賞賛したり原因を分析したりと次の行動につながります。そのような教師の姿を子どもたちは期待していますし，それがやる気にもつながります。
　「みる」だけでも子どもの意欲を左右しているのです。

観るためには視点が必要

　観察するときは，いろいろな視点で対象を分析しますね。運動でも同じです。ものさしがないのに観ても印象しか残りません。ですから，ものさし＝視点が必要になります。
　ただ，その運動の視点をもつのが難しいですね。そこで，「観る」のはじめは評価基準を視点にすると有効です。単元の目標に応じてB基準をつくります。B基準をつくると，授業中にそれ以上，以下でA基準，C基準を判断できます。
　授業中に子どもの動きを観ながら，
　「C基準の子どもはB基準になるのに何が足りないのだろう」
　「A基準の子どもとB基準の子どもの動きの違いは何にあるのだろう」
と問いをもつようにします。
　そうすると，必ず子どもの動きや発言に答えが隠されているので，子どもから多くのことを学べます。子どもは教師にとって一番の先生ということが「観る」ことでわかります。

「絶対成功」ポイント
・観ることで子どもの意欲は高まる
・評価基準（B基準）のものさしで分析する

1 これで納得！「観る力」早わかり解説②
「観る」姿を観られている

教師が子どもを観るということは，子どもも教師を観るということです。子どもの目にはどのように映っているのでしょうか。

観る姿の大切さ

観る姿は非言語コミュニケーションと言えます。教師が何も発していなくても，子どもたちは教師の姿から様々なメッセージを読み取ります。当然，誤解も生まれるでしょう。

ちょっとしたことに気をつけるだけで，観る姿をプラスに変えることができます。

教師の熱意が伝わってくる観る姿

立ち姿

自分の立ち姿をビデオで撮ったことありますか？ それを観てみるとびっくりします。自分が思っている以上に格好悪いからです。

さらに早送りで観るともっとびっくりします。自分の癖が強調されるからです。私は，左右に揺れていました。人によってずっと動き続ける人，体が傾いている人，様々です。

このように子どもの前に凛と立つというのは，意識すると難しいことです。私の場合，足裏に意識を置くと左右に揺れる癖を直せることに気づくまで2年かかりました。授業中に，体重が左右の足裏に交互にかかっていることに気づき，そこで初めて揺れを実感したのです。

漫画のキャラクターの設定は，姿勢と性格がリンクしています。弱いキャラクターは猫背で

す。では，ヒーローはどうでしょうか？　子どもにどのように自分が映るのか。どうせ映るならヒーローでいたいですね。

　そのためには努力が必要です。自分の立ち姿が映る窓や鏡等でどの立ち姿が美しいかいろいろと試します。めざす姿が決まったら，そのときの背筋の感じや腹筋の感じなど，力の入れ具合を覚えます。

体をひらく

　子どもを観ているときに腕組みをしていませんか？
　かつてプレゼンテーションの名士と言われたスティーブ・ジョブズ氏は，腕を組んだり演台の後ろに立ったりしなかったそうです。聴衆との間に壁をつくらないためです。
　また，低学年の教室では教卓は置かなくてもよいと言われる先生がいます。子どもとの間に壁をつくらないためです。子どもとの物理的・心理的な壁をなくすことで子どもに安心感を与えることができます。
　観るための前提として，体をひらきましょう。

目的に合った服装

　11月の終わりごろに行われた研究授業の話です。授業者の先生はその学校の教師ではなく，飛び込み授業の形式でした。肌寒い体育館にまず子どもたちがやってきました。そして教師。
　その教師の服装をみて「アッ」とその場にいた先生方は思いました。子どもと同じ半袖半ズボンだったからです。子どもが体育座りで座っている前に，先生も同じように体育座りで座り授業がスタートしました。
　子どもとその先生は，その日初めて会ったそうですが，その後の授業がどうなったかは想像できますね。子どもたちは先生を信頼して，とてもよい授業となりました。
　冬の寒い運動場に半袖半ズボンでがんばっている子どもの前にどのような服装で立つのか。真夏の暑さの水泳学習で泳げるようにがんばる子どもの前にどのような服装で立つのか。子どもと同じ服装をしなければならないという意味ではありません。ただ，子どもたちは教師の服装をしっかり観ています。その服装から教師のやる気や思いを感じ取ります。授業の目的に合った服装はとても重要です。

「絶対成功」ポイント
・観る姿は非言語コミュニケーション。観る姿の重要さを知ろう
・子どもの視点で自分の姿を変えよう

2 「観る力」を身につける！ステップ1「何を観るのか」①
「動き」を観る

小学校教師の場合，必ずしも何らかのスポーツ経験者というわけではありません。また，スポーツ経験者でも体育で扱うすべての運動を経験しているわけではありません。子どもの動きを観るときに，何を観ればよいのでしょうか。

身体の動かし方の変化を観る

動きが以前に比べ，どのように変化したのかを中心に観ます。

1つの技ができたかどうかに終始せず，そこに至るまでにたくさんの**スモールステップ**を設定しておくことが，その変化をとらえるポイントです。

例えば，前転の授業だと，ただ回転して起き上がるというゴールだけを見据えるのではなく，「しっかりパーにして手を着けたね」「腰が上がってきたね」「リズムがいいね！」「着地がピタッとかっこいいね」など，いくつかの小さなゴールをもっておきます。

スモールステップで具体的なアドバイス

3分割して観る

ただ，スモールステップを設定するためには，運動についてのある程度の知識が必要です。そこまでの知識がないと思うときには運動を3分割する方法もあります。

運動を「はじめ」「なか」「おわり」に分けて観るのです。

例えば，とび箱の開脚とびなら次のようになります。

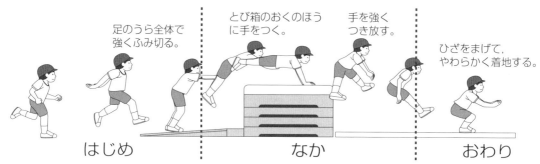

子どもは「おわり」までたどり着くと「できた！」と思います。たとえ「なか」の動きがめちゃくちゃでも，「おわり」を迎えれば「できた」と思います。つまり，「おわり」は子どもが達成感を味わいやすい場面と言えます。

　体育の授業では，教師が「意識してやりましょう」とよく言います。子どもは３つの場面で，どの場面が意識しやすいかと言うと「はじめ」です。動きをそろえて動こうとすると，「せぇの」とはじめの動きを意識します。そして，「おわり」がそろうと「そろった（できた）」と思います。

　「なか」は運動の真っ最中なので，３つの中で一番感覚的な場面です。「なか」の動きを変えるには苦労します。感覚に訴えないといけないからです。

　このように運動を３分割して観るだけでも，子どもの動きを分析できます。

動きのつなぎ目を観る

　運動を見ていると，「センスあるなぁ」「体の動かし方が巧みだなぁ」と思うときがあるはずです。何か動きが他と違うから，そのように感じているはずです。

　巧みに体を動かしているように見える動きは，動きのつなぎ目に秘密があります。

　例えば，ボールを捕って投げるとき，捕ると投げるがバラバラだと固い動きに見えます。しかし，捕ってから投げるまでの動きが一連の動きだと巧みに見えます。つなぎ目の動きがスムーズだからです。

　走るからとぶ，着地から次の動きなど，運動のつなぎ目に着目すると巧みな動きが具体的に見えてきます。

体幹を観る

　パントマイムのプロに言わせると，動きで大切なのは胸などの体幹だそうです。

　体育でも同じです。ほとんど泳げない子どもに，手のかきがどうこう，バタ足がどうこうと教えてもなかなか泳げるようになりません。体幹（体全体）が沈んでいるからです。ですから，補助しながら体幹が浮く感じをまず指導します。「浮ける」と感じたら，「泳ごう」と思ってくれます。つまり，末端にある手足が活躍し始めます。大きい部分（体幹）から細部（末端）を観るのも１つの方法です。

「絶対成功」ポイント

・スモールステップで，動きの変化を観る
・動きを観るための観点をもとう

「観る力」を身につける！ステップ1「何を観るのか」②
「心」を観る

みてすぐわかる動きと違い，心の動きは目でみることはできません。「心」は子どもたちのやる気に直結します。どういった点をみればよいのでしょうか。また教師は，どんな力をつけなくてはならないでしょうか。

心＝感情は動きの源

表情や言葉，行動に表れる子どもの心を観ます。特に，運動が苦手な子や学習になかなか前向きになれない子どもを中心に声をかけたいものです。

ある研修会で，
「人は感情で行動を起こし，その行動を正当化するために理論を使います」
と話されていましたが，その通りと思いました。

行動の裏には子どもの心が隠れています

体育で子どもが見せる動きの背景には，様々な心（感情）が隠れています。
「その笑顔でみんなが元気になるよ！」「いいアドバイスだね！　後でクラスのみんなにも教えてあげて！」「みんなのために準備ありがとう！」など，ちょっとした行動を認めることは，その裏に隠れた心を認めていることになります。

「わび・さび」の心で観る

茶道で「わび・さび」という言葉が使われます。
お茶の世界で有名な偉人は次のような言葉で「わび・さび」を表現しています。
（和歌は，「わび・さび」を説明するときに引用した歌です。）

村田珠光
　「月も雲間のなきは嫌にて候」

武野紹鴎
　「見渡せば　花も紅葉も　なかりけり　浦の苫屋の　秋の夕暮れ」（藤原定家）

千利休
　「花をのみ　待つらん人に　山里の　雪間の草の　春を見せばや」（藤原家隆）

　共通するのは「月（満月）」「花・紅葉」「花」という誰もがすぐ見て「美しい」というものよりも，「雲間」「秋の夕暮れ」「雪間の草」と一見見過ごしそうなものに焦点を当てていることです。
　決して「月（満月）」「花・紅葉」「花」が美しくないと言っているわけではありません。それらの美しさを十分わかったうえで，「雲間」「秋の夕暮れ」「雪間の草」の美しさもわかるということです。
　ここから学べることがあります。
　1つは，「美」の基準がわからないと「わび・さび」はわかり得ないということ。
　もう1つは，「わび・さび」とは見てすぐわかる美しさではなく，見て感じ取る美しさということ。
　この話は，子どもを観る教師にも言えると思います。
　見てすぐわかる動きや賢さを評価するなら誰でもできます。一見しただけではわからないのですが，その子のきらりと光る「よさ」という美しさを観ることができてこそ教師と言えるのではないでしょうか。
　そのためには，「わび・さび」がわかるためには「美」がわからないといけないように，教師もいろいろな学級，学校を参観して，いろいろな子どもの姿を見る（観る）必要があります。
　たくさんの輝く子ども像を知ることで，きらりと光る「よさ」もわかるようになります。

授業参観で観る目が育つ

「絶対成功」ポイント

・動きの裏に隠れた「心」を観る
・いろいろな学級・学校を参観して観る目を育てる

2 「観る力」を身につける！ステップ1「何を観るのか」③
「つながり」を観る

1人で運動をするとトレーニングのように感じます。体育は運動のトレーニングではなく，運動の学習です。ということは，体育には必ずいっしょに運動する仲間がいるはずです。この仲間同士の「つながり」がとても大切です。

 ### つながり＝モチベーション

「つながり」は，子どもたちにとって，体育へのモチベーションの大きな割合を占めています。仲間がいることでがんばれる子どももたくさんいます。つながる場面を授業で設定していくとともに，普段から「つながり」をしっかり観ておきます。
「今日も，一番チームワークがいいね！」「みんなすごく声が出ているね」「どうしたの？○○くんとのペアはうまくいっているかな？」など，チームとしてのよさを強調するとともに，うまくいってなさそうなところにも意識を置いておきましょう。

つながりを観る＝学級の状態を観る

「体育の授業のうまい先生は，学級経営もうまい」
「学級経営のうまい先生は，体育の授業がうまい」
という話を聞きます。その理由の1つがこの「つながり」です。クラスに「つながり」があるからこそ，体育の授業もうまくいきます。また，体育の授業がうまくいくということは，「つながり」ができている証拠です。
ですから，「つながり」を観るということは，学級の状態を観るということです。

 ### となりにいるのは？

卒業生からもらった手紙の一部です。

> 私は先生が"友達"じゃなくて"仲間"と言っていた時、ものすごく感動しました。これを聞いて、クラスは仲間なんだということがはじめて身にしみました。

学校生活を６年生の子どもと過ごしている中で，気になる言葉が「友達」でした。
　「友達」は悪い言葉でもなく，むしろよい言葉です。しかし，そのときのクラスの子どもたちにとって，「友達」が強制力のある言葉のように感じました。
　実際にそのクラスで聞いたわけではありませんが，「友達」は関係を切る言葉として使われるのを子ども（特に高学年）は経験的に知っています。
　「これいっしょにしなかったら，友達違うよ!!」
　「絶交」などの言葉も，「友達の関係を切る」という言葉だからこそ，子どもにとっては避けたい言葉と言えます。
　発行部数の記録を次々に更新している『ワンピース』という漫画があります。その主人公は，旅で出会った人々に「友達」という言葉を使います。そして，共に旅をするメンバーは「仲間」を使います。
　先の手紙をくれた子どもたちの学年は『ワンピース』が大好きでした。ですから，これを活用して「つながり」のもてる「仲間」をつくろうと考えました。

> 　もう２学期。このクラスとも，この小学校とも７か月でお別れ。この７か月で「友達100人できるかな？」答えを言うよ，できません。断言できます。（子どもは驚きの表情）
> 　ただしね，「仲間100人できるかな!?」の質問にはこう答えます。「できます!!」
> 　〈教師の考える「友達」の定義，「仲間」の定義を話した後〉
> 　今，みんなのとなりにいるのは友達じゃなくて仲間。そして，これからもクラスでいろんなことがあるかもしれないけど，その苦楽を共にした仲間が，これからの人生で「友達」になるんだと思うよ。
> 　いい，これからみんなは卒業に向かって苦楽を共にする「仲間」やで!!

　それから，ことあるごとに「仲間なんちゃうん!!」のフレーズを使いました。そのときのクラスの雰囲気は真剣そのものでした。もしも，これが「友達なんちゃうん!!」のフレーズになると，心の中でこうつぶやいたのかもしれません。「友達ちゃうし!!」。
　このように，つながりを観るには，まず「つながり」をつくらなければなりません。そのためには体育の時間だけではできません。つまり，普段の学級経営との関連が生まれてきます。（地域によっては「仲間」の言葉の方が違う意味をもつ場合もあります。それぞれの実態に合わせて，子どもの心に響く言葉を使うとよいでしょう。）

「絶対成功」ポイント
・つながりを観ることで学級も観る
・つながりを表わす言葉も大事

「観る力」を身につける！ステップ2 「どのように観るのか」①
全体を観る，個を観る

できない子どもを一所懸命指導していてふと気がつくと，走り回って遊んでいる子どもがいました。思わず怒りたくなりますが，これは子どもだけが悪いのでしょうか。教師ができることはなかったのでしょうか。

★ 全体把握のために雰囲気を観る

教室の授業で子どもたちが小さなメモを回すなど勝手なことをするのはいつだと思いますか。教師が観ていないときです。

子どもも善悪はわかりますから，教師の観ていないときに都合の悪いことをします。

裏を返せばしっかり教師が観ていれば悪いことはしないとなります。

すべての感覚を使い，子どもたちの雰囲気を把握

体育の授業は広い空間に動く子どもがいるわけですから，常に「全体を観る」必要があります。そのため，常に子どもが見える位置に立たなければなりません。

大多数の子どもが自分の背中側にいるときには，「勝手なことをしていいですよ」と子どもに合図を出していると思ってください。

また，全体を観るときのポイントは，「雰囲気を観る」ということです。授業の雰囲気が興奮気味になったときは，けがやもめ事の前兆です。そのようなときには，子どもを一度集めて，雰囲気を落ち着かせます。

雰囲気を観るわけですから，目だけでなく耳や感覚も使って，全身で観る必要があります。

★ 気になるAくんを中心に？＝気にならないBくんがいる？

学習の流れがしっかりでき上がってくると，教師は個人を観るゆとりが出てきます。また，学習が進む中で技能の差など学習の到達度の差が出てくるので，その支援も必要になります。

ですから，教師は気になる子どもを観るのですが，ここで問題が生じます。タイトルのように「気になるＡくんを中心に観る」ということは，「気にならないＢくん」がいるのかということです。

　教師の答えとしては「いない」と答える方が多いと思いますが，問題は子どもがどのように感じるかです。

　全体を指導しながら個人を観る方法の１つに，先生の場をつくる方法があります。右の図のように，子どもたちは様々な場で運動するのですが，必ず先生とび箱で運動するようにルールをつくります。

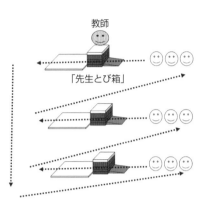

　合格すれば自分の挑戦したい場に移動できますし，できない場合は個への指導もできます。また，このようにすることで全員にかかわることもできます。先生とび箱は一番端にありますから，全体も把握できます。

　このように「個人を観る」は，全体への配慮が不可欠です。

単元を通して「観る」を計画する

　右の図のように，理想的な単元では単元が進むにつれ，運動学習場面，つまり「子どもの時間」が増えていきます。裏を返せば，単元はじめは「教師の時間」が多いです。

　学習の流れをつくるために，単元はじめはしっかりと全体を観る必要があります。ここ

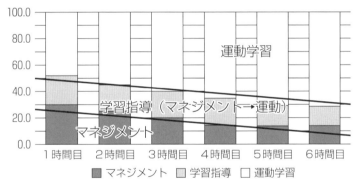

ある単元の時間配分の変化

で個人を観ようとすると，どうしても全体把握ができません。単元後半は学習の流れができているので，積極的に個人を観てあげましょう。

　このように，単元を見通して「観る」を考えることも大切です。

「絶対成功」ポイント

- 全体を観るときには全身で雰囲気を観る
- 単元を見通して「全体」と「個」を観る

3 「観る力」を身につける！ステップ2「どのように観るのか」②
共に観る

「観る」というと，教師が子どもを観るというニュアンスが強くなりがちです。しかし，子どもと共に観るという見方もあります。

 見ているときの方がよくわかる

「岡目八目」という言葉があります。端から見ている方が，当事者よりもよくわかるという意味です。

体育では，全員が運動を行っているときもあれば，そうでないときもあります。例えば，鉄棒の授業。運動をしている子どもがいれば，必ず補助している子どもや見ている子どもがいます。そして，この見ている子どもと共に観るのです。

「どうすれば，できるようになるかな？」

その際「○○さんのふり上げ足，上がってき始めたなぁ。△△くんはどう思う？」のように，運動している子どもに直接的に言葉かけをするのではなく，見ている子どもに言葉かけします。このような言葉かけは，運動しているときよりも見ているときの方がコツやポイントを理解してくれて有効です。

そして，このような教師の言葉は，子どもにも広がっていきます。つまり，子どもをつなぐ教師の言葉かけとなります。

 共感的に観るための小道具

次頁の札，「シュート札」と言います。ゲームを観ているときに，「あっ，シュートだ」と思ったら挙げる札です。

このような札がなくても，ゲームを見ながら「シュート」と言える子どももいます。この札，何のためにあるのか。

ゲーム中のシュートチャンスを共感するためです。シュートチャンスと思ったときにサッと札を挙げると，その動きがぴったり合うときがあります。そんなときは「だよねぇ」と短い言

葉を添えるだけで，その場のシュートチャンスを共有することができます。シュートチャンスを教えるとなると，たくさんの言葉を使いがちです。しかし，共に観ていると「だよねぇ」の4文字で指導できるのです。

ちょっとした教具を使うだけで，共感的に指導することができます。

シュート札

目線がずれる効果

一般的に教師が子どもを観る場合，「観る－観られる」関係になります。ですから，子どもが教師の目を意識することにつながります。

共に観るときには，互いに観る関係です。そのため，先に述べたように客観的に教師の言葉を聞けたり，共感的に運動を見られたりします。

また，共に観るときは，互いの目線は運動している子どもに向けられているので，目線がずれます。この目線が

子どもの動きを共に観る

ずれることが，思わぬ効果をもたらします。子どもが本音を言いやすいのです。

「しっかり相手を見て話しなさい」と指導しますが，裏を返せば相手を見て話すのは難しいということです。共に観ていると，子どもたちが様々なつぶやきや声かけをしていることに気づきます。この本音が学習を進めるうえでのキーワードになることもあります。

「絶対成功」ポイント

・共に観ているときの指導の効果は大
・共に観ながら子どもの本音を知る

3 「観る力」を身につける！ステップ2「どのように観るのか」③
笑顔で観る

放課後，ある子どもが「先生，体育のときに何を怒っていたの？」と聞きに来ました。「えっ，何も怒っていないよ」と言うと，「えぇ～，だって怖い顔で見てたもん！」の返答。このように，表情から子どもたちはいろいろなことを感じています。

笑顔がスタンダード

ある先生の離任式のとき，代表の子どもが次のような作文を読みました。
「先生はいつ見ても笑っていました」
最高のほめ言葉と思いませんか。また，最後の別れのときにそのような言葉をもらうことができるその先生の教師力もうかがい知ることができます。
アメリカの研究ですが，体育教師の微笑む回数が多いほど，子どもは教師のことをより情熱的であると評価したそうです。裏を返せば，いかに教師は微笑んでいないかということですが……。

また，ある芸能人が「笑いながら怒る人」という芸をしていました。なぜこれが芸になるかというと不自然だからです。教師の言葉と表情は必ず一致します。ですから，笑顔のときは子どもにとってプラスとなる言葉かけをしているはずです。

笑顔の大切さについて言及すれば，枚挙にいとまがありません。笑顔で授業を行いましょう。笑顔で子どもを観ましょう。そうすることで子どもの笑顔が増えます。

教師の笑顔で子どもの笑顔アップ！

笑顔の練習をしましょう！

笑顔が素敵な先生は，笑顔がその先生の長所です。
しかし，中には笑顔が苦手な先生もいると思います。短所として片づけるのか。そうではなく，しっかりできるようにしましょう。
毎朝，洗面や着替えるときに鏡を見ますね。そのときに必ず笑顔の練習をします。笑顔をつ

くり，口角の位置，目尻の位置，そのときの顔の筋肉の使い方を覚えます。毎日することで自然とできるようになります。

はじめは不自然な笑顔と感じるかもしれませんが，継続することで自然なことになります。

また，学校で鏡など自分の顔が映るものがあったときには，自分の顔をチェックしましょう。もちろん，怖い顔になっていないかをチェックします。気づいたら笑顔！

⭐ 無理はせず，自分らしさで輝く

太陽のような先生がいます。その先生がいるだけで周囲がパッと明るくなるような先生。笑顔も素敵で，生まれながらにして先生のように感じてしまいます。

しかし，自分が太陽でもないのに太陽を真似るのはお勧めしません。無理をするからです。自分は惑星なのに恒星になろうと火を点けるのと同じです。

はじめは恒星に見えますが，やがて火は消えます。そして火が消えた後は無惨です。

私は太陽のような教師ではありません。ですから満月のような教師をめざしています。月は太陽と見た目の大きさはいっしょ。しかも太陽と違ってしっかりと見つめてもらえます。

しかし，残念ながら自分では輝けません。誰が光を当ててくれるのか。スターの子どもです。子どもの輝きで自分を照らせばいいと思っています。自ら輝こうとはせず，子どもの輝きを上手に自分にも当てる。このように思うことで，自分らしく子どもと接することができています。

笑顔の練習は誰でもできること。一方で，自分しかできないこともあるはずです。それを見つけることで，目の前の子どもたちが先生との出会いを価値あるものにすることができます。

子どもの中で輝く教師に！

「絶対成功」ポイント

・笑顔は練習で覚える
・無理せず，自分のよさを磨く

3 「観る力」を身につける！ステップ2「どのように観るのか」④
ICT機器を活用して観る

ICT機器の導入も進め，学習の役に立てられたらと思っています。しかし，ICT機器を使うことで，授業の流れが止まってしまっているように感じます。ICT機器をどのように活用すればよいでしょうか。

ICT機器の「よさ」

観るための道具としてICT機器も大いに活用してみましょう。ICT機器と言ってもプロジェクタ，ビデオカメラ，デジタルカメラ，タブレット機器，パソコンなど多岐に渡ります。子どもたちは，これらの機器が大好きです。大人が感じるほど，子どもたちは操作方法に抵抗感を感じることもありません。しかし，あるから使うのではなく，その「よさ」をしっかり把握して使いたいものです。体育授業で考えられる「よさ」をいくつか挙げてみましょう。

○再現性　動きを中心とする体育科の学習では，教科書，ノート，黒板などを使う他教科と違い，その過程を残すことができにくい教科です。しかし，ICT機器を使えば，動きを保存して繰り返し再現することが可能となります。また，お手本として映像を提示することもできます。動きを客観的に観ることができる「よさ」があります。

○保存性　前時の動きから数年前の動きまで，動きそのものを保存しておけることも大きな「よさ」です。前回の板書を残しておくのもよいでしょう。タブレットを持ち帰らせたり，HP上で公開できたりする環境にあるならば，予備学習として家庭で動きやコツを学習することも可能となります。

○即時性　昨今の技術の進歩により，画面つきの録画機の普及も進みました。自分の感覚が鮮明なうちに，今行ったことをすぐにふりかえることができる即時性も大きな「よさ」と言えます。

○自在性　動きを止めたり，拡大したり，スロー再生したりできます。2つの動きを並べて提示することもできます。ねらいを提示したり，場を図示したりすることもできます。必要に応じて，自在に加工できるということも「よさ」と言えます。

「よさ」を活かすために

授業にICT機器を取り入れる際には，その運用方法により，その「よさ」が活かされるかどうかが全く違ってきます。次の2点を心がけましょう。

> ①子どもたちにICT機器を使う目的を明確にもたせる。
> ②授業の勢い（流れ）を止めない。

先日参観したタブレット端末を用いた高とびの授業でのことです。

それぞれの記録にチャレンジしていく場面で，タブレット端末が登場します。グループごとに互いの動きを撮影し合います。その後，動画を観て，仲間でアドバイスし合います。今では，よくみる授業風景の1コマです。一見すると，最新の道具を囲んで，話し合いも活発に行われ，時代に適応した授業のように感じます。しかし，実際の授業をよく観察してみると，以下のようなことが起こっていました。

・誰が撮影するのか，どこから撮影するのか。動きとは直接関係のないところでの話し合いに多くの時間が割かれる。
・成功した動画では歓声が上がり，失敗した動画では溜息がもれる。成功・不成功に一喜一憂するためだけの動画になってしまっている。
・1回とぶたび集まってみんなで観ることを繰り返すため，試技する回数が少なくなる。

「もったいないなあ」と感じる場面が多々ありました。タブレット機器を扱うたびに，授業への参加率が下がっていくのがわかります。学びに向かう勢いがなくなっていくのがわかります。勢いが淀み始めると，みるみるうちに参加率は下がっていきます。先の「よさ」が活きていません。

では，子どもたちに使う目的を明確にもたせ，授業の勢い（流れ）を止めない授業とは，どのような授業でしょうか。3年生の「前転」の授業を例に考えてみましょう。

授業における活用

美しい前転をめざす授業です。ICT機器の活用場面を中心に紹介していきます。

①課題提示場面
　最もよいお手本映像をみせるのではなく，いくつかの映像をみせます。比較すること

スロー再生で動きの確認

で，美しさのポイントを共有していきます。画面に書き込むことでわかりやすく示すこともできます。

　この学習では，「次の学年に参考になるお手本ムービーをつくろう！」と投げかけ，目的意識を明確にもたせ，学習への興味関心を高めました。

手軽なタブレットは動きをすぐに確認するのに大活躍！

②タブレット端末の活用

　各班に1台タブレット端末を配付します。手本となる動画を入れておき，繰り返し観ることができます。スローで再生することもできます。（iPadアプリ『VideoPix』使用）

　また，動きを互いに撮影する際には，闇雲に撮影を繰り返すのではなく，『動きヘルプ！』の宣言とともに撮影をします。例えば「ヘルプ！　足のたたみ方！」と宣言すると，仲間は足のたたみ方がわかるように撮影します。

③ふりかえりへの活用

　本時のふりかえりをタブレットにあるメモアプリなどに書き込んでいくことで，学びの足跡を残すことができます。また，仲間のふりかえりを観ることで，互いの課題を共有することもできます。文字の書き込みも，手書きでできるアプリもたくさんあります。また，学習のスタートときに，前時の最

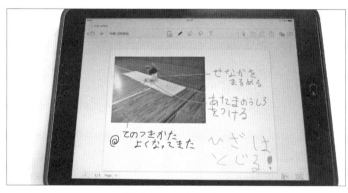

蓄積されていくふりかえり

後の動きをふりかえることからスタートすることで，課題を再確認して学習に向かうことが可能になります。

　ICT機器の「よさ」を活かせるかどうかも，教師力次第です。ICT機器を扱える力と同時に，「子どもたちは今何を必要としているのか？」「どこでつまずきが起こりそうか」など，子どもの願いや思考の流れをつかむ力が必要です。私たちが願うICT機器を使う際の目的（教師の願い）と子どもたちが使う目的を一致させること，つまり「観る」目的を一致させることで，ICT機器の効果は何倍にもなることでしょう。

体育授業に有効なアプリ

　今やスマートフォンやタブレット端末機器などのアプリも授業における大きな武器です。体育授業に使えるアプリの一部を紹介します。

☆動きを撮影できるアプリです。それらをスローで再生したり，2つの動画を同時に観たり，動画から静止画を取り出したりできます。場面に応じて有効な使い方を工夫してみてください。

ビデオで動きを即時にふりかえり

　　VideoPix　　　Hudl Technique: Slow　　Video 2 Photo
　　　　　　　　Motion Video Analysis

☆言葉や写真や動画などをつなげて説明などに用いるプレゼンを作成できるアプリです。教師側からの働きかけのみならず，子どもたち自身が，自分たちの学んだことをまとめるといった活動に用いるのもいいですね。

　　Keynote　　　　　　ロイロノート　　　　　　iMovie

「絶対成功」ポイント

- ICTのよさを活かそう
- 教師も子どもたちもICTを使う目的を明確にもとう
- 授業の勢いを止めないICTの使い方を

4 「観る力」をスキルアップ！授業観察と働きかけ①
非ほめる

体育に限らず，授業では子どもを観ている時間が多いです。そして，何らかの働きかけ（指導や支援）を行います。よく「ほめる教育」と聞きますが，必ずほめなければならないのでしょうか。

「ほめる」の反対は？

「ほめる教育」は教育の基本だと思います。子どもを指導する立場の方なら誰もが「ほめて伸ばす」の言葉を知っています。

ただ受け取り方も様々なので「しからない教育」と思っている方もいます。なぜ，こうなるのでしょうか。

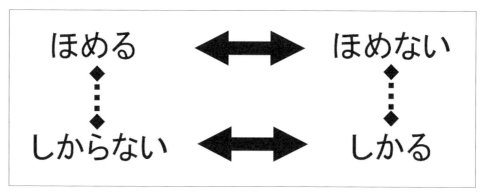

「ほめる」の反対は「ほめない」です。「ほめない教育」は「ほめる教育」に比べあまり聞きません。「ほめる教育」と比べるとマイナス的にとらえられていると言えます。

マイナス的にとらえられることとして「しかる」があります。「しかる教育」も聞きません。そのため，図のように「ほめない」と「しかる」が結びつき，

「ほめる」 ⟷ 「ほめない・しかる」

の関係になってしまいます。

そうなると「しかる」の反対は「しからない」ですからいつの間にか「ほめる教育」を「しからない教育」と思う人が出てくるのです。

また，ほめる教育についてですが「ほめ続ける教育」だと意味がありません。何をほめられているのか子どもがわからないからです。ほめるべきことをしっかりほめることが基本です。

ほめる，しかるにこだわらない

「ほめる」にこだわると「ほめなければならない」になります。

「しかる」にこだわると「ほめる教育」という概念が頭にあるので「しかってはいけない」になります。

つまり，先ほどの図のどちらかのサイドに「こだわる＝偏る」から，いびつな指導法になってしまうのでは？

そのため，「非ほめる」です。「非ほめる」とは「二項対立に非ず」の意味です。

つまり「ほめる，しかるに非ず」です。どちらにも偏らないわけですから，ほめる場面では大いにほめますし，しかる場面ではしっかりしかる。

当たり前のように思うかもしれませんが，これが「ほめる教育」ではないでしょうか。

勇気づける

「ほめる・しかるにこだわらない」と言っても，難しいですね。ですから，「ほめる」から離れてみるのも１つの方法です。

「ほめる」ではなく「勇気づける」に言葉を変えてみましょう。

子どもは，初めてのことやうまくできていないことをやっているときは不安です。常に「これでいいのかなぁ」と思っています。そんなときに「それでいいんだよ」と勇気づけてあげるのです。

子どもを勇気づけられる教師に！

勇気づけようと思うと，子どもの表情をよく観るようになります。「ほめる」が子どもの行為に対して行うのに対して「勇気づけ」は子どもの心情に対して行うからです。心情を知るために，表情や言動など子どものあらゆる面から情報を得なければなりません。

私は，「子どもを勇気づける存在でいよう」と思ったときから，ほめる・しかるのこだわりから解き放たれました。ほめるべきときはほめ，しかるべきときはしかるようになりました。

「絶対成功」ポイント

・ほめる，しかるにこだわらない
・ほめる・しかる　⇒　子どもを勇気づけるに

4 「観る力」をスキルアップ！授業観察と働きかけ②
「2：7：1」どこから？

授業観察をしていると，がんばっている子，ふざけている子，悩んでいる子など様々です。経験則的な法則で多くの場合2：7：1の比率で集団を見取ることができます。この法則をどのように使えばよいのでしょうか。

 まず多数！

「2：7：1」や「1：8：1」と比率の値は変わりますが，集団があるとその集団は，ポジティブ少数：スタンダード多数：ネガティブ少数で構成されているという経験則から生まれた法則です。例えば，逆上がりの授業を行うことになったとき，

鉄棒大好き：普通：鉄棒大嫌い＝2：7：1

になるということです。

このことを知っていると，授業（単元）を計画的に進めることができます。

授業は全員に行うものです。しかし，技能差が大きい運動の場合，1時間で全員を指導できません。そのため，「この時間はこの子たちを重点的に観よう」という計画がなければ，場当たり的な指導になってしまいます。

このときに先ほどの比が役に立ちます。単元の序盤はまず多数，鉄棒の例で言えば「普通」の子から指導していきます。人数が多いので全体指導になりますが，この指導で単元の学習の流れをつくったり，鉄棒運動を普通と思っていた子を鉄棒大好きにしたりします。

そして，学習の流れができ始めたら鉄棒大嫌いの子どもにかかわるようにします。

なぜはじめからこの子たちにかかわらないのか。はじめから少数の子にかかわると，すべての子どもたちが「先生，先生」とかかわりを求めます。「〇〇くんができないから……」と答えると，「ぼくもできない」「私もできない」とできない子を増やすことにつながります。ですから，多数の「普通」の子からスタートし，少数の「鉄棒大嫌い」の子へと指導していきます。

「鉄棒大好き」な子へは，随時見本として活躍してもらい，その際指導もしていきます。

 学級経営にも応用

この多数から指導するというのは学級経営にも応用できます。

4月のクラススタート時。教師に対する好意度は，

先生大好き：普通：先生大嫌い（合わない）＝2：7：1

と先の法則で推定されます。

　学園ドラマでは，先生大嫌いの１割の子どもが反抗し，それに対して教師が体当たりでぶつかっていくという流れが多いですが，実際そのようなことをやると学級崩壊に近づきます。

　いきなり否定的な子どもとのかかわりを中心に学級経営すると，クラスが必ずマイナスの雰囲気になります。そうなると多数である普通の子どもたちも先生嫌いになり始めるので，加速的にクラスの雰囲気が悪くなります。先生嫌いの比率が２割を超えると，教師にとってはつらい学級経営となります。

　ですから，学級経営も先ほどの指導と同じ，多数を中心に指導をしていきます。つまり，多数の子どもを指導することで学級のめざす姿をつくっていきます。

例外：大勢の前で話をするとき

　これまで述べてきたように「２：７：１」の法則を活用するときには，多数から指導すると言えます。ただ，この法則の活用でも例外があります。

　大勢の人前で話さなければならなくなりました。場数を踏んでもやはり緊張します。

　話を聞く人は，「聞きた

まずは「聞きたい！」と思っている子を見て

い：普通：聞きたくない＝２：７：１」と考えられます。

　では，どの人たちをターゲットにまず話し始めるとよいのか。

　それは「聞きたい」人です。なぜなら，話し始めは誰しも緊張します。そんなとき，頷いてくれたり楽しんで聞いてくれたりしている人を見ると緊張がほぐれます。

　緊張がほぐれ調子が出てきたら「普通」の人たちをターゲットにします。「聞きたくない」人には，結果的に聞いてくれたらいいなぐらいの気持ちの方がうまくいきます。

「絶対成功」ポイント

・まず多数から指導する
・人前で話すときには「聞きたい」→「普通」で気分よく

4 「観る力」をスキルアップ！授業観察と働きかけ③
鈍感は無敵

「授業って難しいなぁ」と思う時期から，「授業ってこうすればいいんだ」と自分なりのスタイルができ始める時期があります。そんなときは「授業がうまくいった！」と手応えを感じるときも。しかし，こんなときに落とし穴が……。

ずれに気づく

授業を行うと必ずずれが生じます。

教師が思っていたことと子どもの思うことのずれ，期待していた反応と実際の反応のずれ，教師の教材解釈と子どもの解釈のずれなど，様々なずれがあります。

コラム「専門家としての教師」（p.42）でも紹介しましたが，授業力のとらえの1つに，このずれへの対応に着目したものがあります。

ずれに気づき手立てを講じよう！

・ずれに気づかない。
・ずれに気づくが，何も手立てができない。
・ずれに気づき，手立てを講じたが効果がない。
・ずれに気づき，効果的な手立てを講じる。

下に行くほど授業力がある状態と言ってよいでしょう。しかし，ずれに気づかないと「できたつもり」になります。本来なら一番授業力がないのに本人は「できたつもり」なので，これこそずれです。

できているつもりだと何も変わりません。鈍感は無敵になれます。ただし，実際は無敵でもなんでもなく気づいていないだけですから，必ずしっぺ返しが待っています。

ソクラテスの「無知の知」という言葉がありますが，「自分はわかっていない，できていない」ということをわかることが，学びのスタートです。

裏を返せば，「自分はわかっていないなぁ，できていないなぁ」と感じることは，しっかりと授業力がついている証拠です。

答えは子どもの姿に

　授業観察をしているとあることに気づき，指導しました。
　今，「指導しました」と書きましたが，本当に指導したのでしょうか。例えば，子どもの動きは全く変わっていなかったとすると，それは指導と呼べるのでしょうか。
　教師の行為を指導と考えると，教師が話したこと，やったことなど行為すべてが指導となってしまいます。教師が何らかの行為をした結果，子どもに変容が見られることを指導と考えてみるとどうでしょう。先ほどの「指導」は指導ではなくなります。あることに気づき，何かを言っただけです。
　このように，子どもの変容までを含めて指導を考えると，授業観が変わります。自分の思った通りにいくことがよい授業ではなくなります。子どもがめざす姿に変容することがよい授業になります。
　教師の先生は子どもです。いろいろな姿で教師の行為を評価してくれます。そこから何を学び取れるかが，教師の学びと言えます。

子どもの中から答えを導く教師に！

 ## 「わかったつもり」は「わかる」への通過点

　教職5年目のころの私は自信満々で，今思うと「わかったつもり教師」でした。
　しかし，転勤し天狗の鼻を折られる結果となりました。そして，月日が経つにつれ再び天狗の鼻は伸びたのですが，研究主任など立場が変わるごとに再び鼻を折られました。
　このようにふりかえると「わかったつもり」の連続ですが，「わかったつもり」は決して悪いことではありません。真の理解への第一歩だからです。
　まずは自分なりの授業観察や働きかけなどのスタイルをつくることです。そして，それは完成形では決してありませんから，子どもから謙虚に学びながらよりよくしていくしかありません。教師の学びに終わりはありません。

「絶対成功」ポイント
・「気づく」ことがスタート
・子どもは教師を育てる「先生」である

5 すべての子どもの価値を認める！評価の方法①
評価と評定って違うの？

評価と評定。どちらもよく聞く言葉です。その違いは何でしょうか？ 成績をつけるためだけにあるのでしょうか。また評価をするコツはあるのでしょうか。

★ 評価？評定？

「体育の評価はどのようにすればいいのですか？」という質問をよくいただきます。その際，少し意地悪く「評価ですか？ 評定ですか？」と聞き返します。その意味を調べると，評価は「ある事物や人物について，その意義・価値を認めること」とあります。評定は「一定の基準に従って価値・価格・等級などを決めること」とあります。似ているようですが違います。「一定の基準があるのか」

子どもたちにたくさんの「評価」を

という点。もう一点は，「決めるのか認めるのか」という点です。学校で言えば，学期末に出す成績表は，そこにAやB，◎や△などの判定を下すためのラインがあり，そのどこにあたるのかを決めます。これは評定です。一方，評価は，本来の意味で考えると，目標に向けてどの程度その子が到達したのかを認めることです。ある一定のラインはありません。

冒頭のように質問される方のほとんどが，評定をイメージしながらの質問だと思われます。しかし，学校現場において，子どもたちの力を育んでいくためには，ある一定のラインへの到達だけを見取る評価（「できた・できない」「わかった・わからない」）だけでは不十分なのは，教師であれば肌で感じることができるでしょう。中間テスト，期末テストのみで評価するのではなく，授業における発言や行動，カード（ノート）への記述などから，個々の伸びや課題を日常的に評価していくことが大切です。「今の言葉，○○くんの動きがよくわかるね」「次は，こんなところに気をつけてみたらどうだろう」「OK！ 今の足がぴんと伸びていて美しい！」など，刻々と変わりゆく状況の中で，形成的とも言える評価を行っていくことで，子どもたちは方向性を見出し，次なる学習に向かうことができます。

評価のコツ！

　しかし，個々の伸びや課題を日常的に，またその都度評価していくことは容易なことではありません。私は，単元を創造する際，また授業に向かう際，小さなラインをたくさんつくっておくことを心がけています。小さなラインは目標に向かう道筋での価値ある動きや言葉，思考です。先ほど，本来評価にラインはないと述べましたが，あらかじめこの小さなラインをいくつも設定しておくのです。そして，授業では，それぞれの子ども（グループ）の姿に応じて，その価値を認めていくのです。それは，技能のみならず態度面や思考面においても同様です。評定に用いる目盛り（ライン）の間に，より細かい目盛り（ライン）を入れるイメージです。ＡとＢ，ＢとＣの間にある子どもの姿をたくさん思い描いておくことです。それぞれの子どもが，今どこにいて，何につまずいたり，悩んでいたりするのかを把握するための目盛りです。そう考えると評定は評価の一部であるとも言えます。

小さなできたを伝え，学びの見通しをもたせる

　開脚前転の技能のＢとＣの間に，「遠くに手をつくことができる」や「膝を伸ばすことができる」などを思い描きます。ゴール型ゲームの思考のＡとＢの間には「速攻にすぐ向かう動き」や「みんなが楽しめるルールを考える」などを思い描きます。大きなラインとたくさんの小さなラインをもつことで，子どもに対する声かけや対応が劇的に変わってきます。

　また，小さなラインを準備することは，その子の「小さなできた」をたくさん発見することにつながります。「小さなできた」をたくさん認めてもらえた子どもは見通しと意欲をもって，きっと次の学習に向かうことでしょう。この「小さなできた」を設定する力と発見する力が評価する力（評価力）です。重要な教師力の１つです。学習者にとっては次の方向性を示されるのと同時に，授業者にとっては授業を修正していく契機ともなるでしょう。

「絶対成功」ポイント

- 評価は認めること　評定は決めること
- 評価は「小さなできた（ライン）」をいっぱいつくろう

5 すべての子どもの価値を認める！評価の方法②
通知表のつけ方

通知表＝評定。どうつけていいのか悩み，学期末になると憂鬱にもなります。通知表をつけるとき，どのようなことを心がけておけばよいのでしょうか。

評定の方法

　学期末。通知表や指導要録などのために「評定」をつけなくてはならない時期です。日々の評価とは違い，総括的評価です。教師は頭を悩ませます。学期末になると，このために帰宅する時間がどんどん遅くなるといったこともよくあります。億劫な気持ちになる先生も多いのではないでしょうか。しっかり根拠をもって評定することで，気持ちの負担も軽減されます。そんな評定の方法をいくつか紹介します。

①授業観察

　オーソドックスな方法です。すべてを見取るのではなく，何を中心に評価するのか，ある程度絞っておくことが大切です。その際，「先生，今日はみんなの〜をがんばっている姿を観るからね」と伝えておくと，子どもたちの意欲につながります。

②ビデオ・ICレコーダー

　動きをじっくり観たときは，ビデオに撮っておくのもいいですね。グループの話し合いの様子を聞きたいときは，ICレコーダーを持たせておくのもお勧めです。

③学習カード

　低学年は，選択肢を中心に。高学年は図や文章で表現できる欄を設けると，子どもの思考や願いが表出しやすくなります。

授業中にはかけることのできなかった言葉も，カードを通して伝えることもできます。

学年に応じた学習カードを！

④ペーパーテスト

　他教科や保健で行うことはあっても，体育ではあまり馴染みがないかもしれません。特に思考面を観たいときに行います。雨で体育ができない日などを利用してもよいですね。

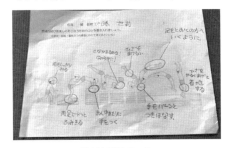

大きな台上前転のコツを3つの局面を考えながら，たくさん書きましょう。

思考を観るテスト

⑤口頭試問

　1人ずつこちらの質問に答えてもらう方法です。観察や学習カードなどでは判断しにくいことを質問します。ボール運動におけるある場面での動き方や仲間のがんばりで見つけたことなどを質問します。

こんなときあなたはどうすればよいですか？　動きとその理由を教えてください。

口頭試問で学習の成果を確認

　評定に限って言えば，小学校の教員は，中学校に比べて評定することに抵抗を感じる教員が多いように感じます。特に，関心・意欲面や思考面においては，その傾向が強いです。高校進学のための調査書などを見通した評定に，常日頃向かっている中学校教員と向かっていない小学校教員との差なのかもしれません。しかし，折角多くの時間を費やすのですから，有意義な機会にしたいものです。単に子どもたちを区切る目的のみではなく，**よりよい方向に導くという意図をしっかりもっておくこと**で，子どもたちにとっても，教師にとってもプラスの方向へと働くはずです。自信をもって評価，評定をしましょう。根本に子どもの伸びゆく姿がイメージされていれば恐れることはありません。

「絶対成功」ポイント

・評価力は重要な教師力
・評価，評定の先は子どもの伸びゆく姿

Column 省察の大切さ

省察とは？

　コラム「専門家としての教師」(p.42)で紹介したように，教師は「反省的実践家」としての専門家です。

　反省的実践家とは，授業という複雑な問題状況の中に身を置きながら，経験から形成した知識を使って授業実践を**省察**し，授業をつくり出していくような専門家です。

　ところで「省察」という言葉が出てきましたが，reflection（リフレクション）の訳語です。「反省」と訳されることもあります。

　このコラムの目的は「省察をしましょう」ですが，そもそも「省察」があいまいな言葉です。木原 (2004) は教師の反省的成長を「教育実践を何らかの手段によって**対象化し批判的に検討することを**，そしてそうした過去や現在の営みの分析を出発点として**新しい教育実践を切り拓く**ことを意味している」と述べています。これを基に，本書では「省察」を次のように定義します。

　　ある授業を
　　・まな板にのせ　　　　　　　：対象化
　　・いろいろな視点で分析し　　：批判的検討
　　・次の授業に活かす　　　　　：新しい教育実践を切り拓く

省察【せいさつ】
　　ある授業をまな板にのせ，いろいろな視点で分析し，次の授業に活かすこと。

まな板へののせ方：書く

　授業研究会が終わった後，協議会がありますが，これも省察と言えます。協議会ということで授業をまな板にのせ，授業者や参観者の意見を出し合うことでいろいろな視点で分析し，次の授業に活かします。

　それでは，普段の授業を省察するためにはどうしたらよいでしょうか。1人でも「ある授業をまな板にのせ，いろいろな視点で分析し，次の授業に活かすこと」ができれば，省察できます。ビデオを撮って，その授業をふりかえってもよいのですが，正直なところそのような時間はないと思います。そこでお勧めするのがジャーナル（日誌）に書くことです。

これは新しいことではありません。教師になるための教育実習で誰もが経験することです。

書き方に決まりはありません。次は，ある先生のジャーナルです。

> 　前時に引き続き，「おしりを上げる」ことを課題として提示する。準備運動から意識できるよう，うさぎ跳びの場では，■の動きをほめまくった。
> ○おしりを上げること＝「逆立ちのように」→踏み切りへの意識
> ・■「逆立ちするように跳んだらいい。体より上におしりを上げるといい」
> 　　　■，気づいたことを自分でもチャレンジできているのがすごい。
> ・■「■は，逆立ちみたいにおしりが上がってた」
> 　→「踏み台を力いっぱい踏んで跳びたい」
> 　→■「(おしりを高く上げている)■は，自分たちと踏み切りが違うように思う」
> 　→■「■は，足で強くジャンプ台をけっておしりを高く上げていた」
> 　→■「踏み切り板に自分の体重と力を入れてバンッてやったらいい」
> ○足・手・足
> 　■・■の試技は，第１空間がしっかり確保されている。身長が低いぶん，「足・手・足」のリズムが身についている。前に跳ばないといけないので意識がほかの子どもよりも高い。
> ・■「■はバッタのようにふわっとスローみたいに跳べている」
> ○グループ活動活性化
> 　「お手玉を超えられるかどうかを見る」という単純な作業ではあるが，一つの作業がきっかけとしていい関わり合いができているグループが多い。
> ・■「拍手をしあって気もちよかった」拍手はされたほうだけでなく，しているほうも気もちよくなる。
> 　　　　　　　　　　　　　　　　　　　　　　　　　　【文章中の下線は筆者が加筆】
> ○：子どもの思考　　・：子どもの動き　　「　」：子どもの言葉　　（■は子どもの名前）

文章化することで授業をまな板にのせることができます。文章中の下線のように，授業を文字にしながら思ったことを書き加えることで，自分の授業を客観的に分析できます。そして，１時間分書き終えたときに次の時間の方向性が見えてきます。

このように，書くことで省察を行うことができます。

省察をリンクさせる

学びの履歴が記された板書

しかし，書くことが有効と言っても，忙しいとなかなかできないもの。そこで他のこととリンクさせるのも１つの方法です。先ほどの先生は上の写真のような板書（「学びの履歴」）とリンクさせてジャーナルを行っていました（写真中央とジャーナルがリンク）。

また，ある先生は同学年の先生よりも２時間ほど進んで授業を行い，ジャーナルを授業計画の見本として同僚の先生に渡していました。同僚の先生にとっては授業の仕方やポイントがわかり，かつ省察もできるという一石二鳥の方法となっていました。

2 子どもの心と体を動かし学級をまとめる！「指導言」

1 これで納得！「指導言」早わかり解説①
指導言の種類と役割

授業中に教師が発する言葉＝指導言。どういったものがあるのでしょうか。どういったことに気をつけて、使い分けていく必要があるのでしょうか。またどうすれば、うまく操れるようになるのでしょうか。

★ 指導言の種類

授業において教師の意思を伝達する場合，そのほとんどが音声言語を用います。授業を参観していても，この音声言語が明確，かつ適切な授業は，子どもたちの活動が活発です。意図をもって教師が発する音声言語を指導言と呼んでいます。教師力の大きな１つの要素です。

指導言には，説明，指示，発問（大西忠治1991）があり，大阪教育大学附属池田小学校では，評価の言葉まで含め，大きく指導言（研究紀要2014）としていました。

それぞれ役割が違います。

指導言
　指示　子どもの行動に働きかける言葉。
　発問　子どもの思考に働きかける言葉。
　説明　子どもの行動，思考を整理する言葉。授業の枠組みをつくる言葉。
　評価　子どもの活動を価値づける言葉。さらなる活動に導く言葉。

これらの指導言のもつ役割を理解したうえで，意図的に用いることが大切です。

★ 指導言の使い分け

例えば，とび箱「開脚とび」の授業でみてみましょう。
「踏み切り板の真ん中で，『どん』と音をさせて踏み切りましょう」
これは指示です。そこには子どもたちが行動したくなる要素が入っています。
「音を立てずにピタっと着地するにはどうしたらいいかな？」
こちらは，発問になります。これまでの学習経験からどうすればよいのか考えたり，この問題を解決するために，試技を繰り返したりします。考える要素が入っています。

しかし，これらの指示や発問をするためには，その前提をつくる説明が必要です。踏み切り板の真ん中とはどこなのか。音をさせるには両足で踏み切らなければならないこと。「ピタっと」とはどんな状態なのか。さらに安全面における注意なども説明しなくてはならないでしょう。子どもたちの行動や思考を整理して，安心して学習に向かえるように，理路整然とした言葉で伝える説明の力が必要です。ここが曖昧で子どもたちに理解されないと，指示も発問も伝わりません。

教師は豊かな言葉を！

また，子どもたちが行ったこと，考えたことに対して，価値づけを行う言葉も豊かにもたなくてはなりません。しかし，体育において，主たる評価対象は次々と流れていく動きであることがほとんどです。それらを瞬時に見極め，評価の言葉を投げかけていくことは修練を要します。最初は，あらかじめ「このような動き，このような考えを見つけたときにはほめよう」「このあたりまで学習が進んだら，こう揺さぶりの言葉を投げかけよう」と決めておくこともいいですね（p.103参照）。「できた・できない」だけではなく，次の行動，思考につながる言葉を投げかけたいものです。

即興的な判断

指導言は，すべてが予定通りに発せられることはまずありません。指導言の具体的な内容，各指導言の軽重のかけ方，使い分けは授業によって一様ではありません。もちろん教科・領域，単元によっても異なります。私たちは，生きた授業の「いま」「ここ」の子どもたちに対する授業において，刻一刻と変化し続ける状況を感じ取り，即興的な判断により，指導言を発することのできる教師力をつけなくてはなりません。

ICレコーダーやビデオ機器を使って，授業を記録してみてください。特に自分が苦手だなと思う時間がよりよいですね。いかに無駄に言葉を発し，いかに曖昧な言葉を発しているか気づかされます。

教師の指導言1つで，学級の雰囲気は全く異なるものになります。さあ，指導言を巧みに操る力をつけましょう！

「絶対成功」ポイント

・意図をもって指導言（指示・発問・説明・評価）を使い分けよう
・指導言の多くは即興的な判断で
・指導言の一つ一つが学級の雰囲気をつくる

1 これで納得！「指導言」早わかり解説②
子どもに伝わる「指示」の出し方

授業中や普段の生活など，教師からの「指示」が，なかなか子どもたちの行動につながりません。こちらからの声も大きくなるばかり……。「指示」する際に，どのようなことに気をつければよいのでしょうか。

一指示一行動

「1つの指示で，1つのすることを指示しなさい。一度に多くのことを指示してはいけません」と若いころに教えられました。指示の原則です。一度に多くの指示を出すと，そのすべてをしっかり行うことができない子どもも出てきます。

子どもの行動に働きかける言葉である「指示」。この「指示」の指導言が的確に伝わらないと，子どもたちの行動もばらばらになってしまいます。「指示」する際には次のことを意識しましょう。

◇指示する相手，その規模を考慮する。声の大きさや距離を調整する。
・1人に対して　　「危ないから，あと1m下がりなさい」
・グループに対して「5分間，話し合いの時間をとってみよう」
・全体に対して　　「今から10人と足じゃんけんをしましょう」

◇具体的に指示する。
・いつ，どこで，だれと，なにを，どのように，を組み入れる。
　「となりの席の人と2人組になって座ります」「Aチームは1，2コースで活動します」
・数値　「交差とびを20回します」「10時20分に，ここに集合しなさい」
・時間　「今から10分間，チームで練習しましょう」

◇相手にすべき行動が伝わることを第一に考える。
・簡潔であること　「終わった人から座りなさい」
・強調する工夫（ジェスチャー，倒置法，繰り返しなど）
　「どん！と，ロイター板で音を鳴らしましょう。どん‼とね」（手振りを加えて）
・状況に応じた語尾の変化　「やめましょう」「やめなさい！」

◇指示した行動の確認と評価する。
・行動前の確認　「では，もう一度となりの人と何をするのか確認しなさい」
・行動後　その行動の善し悪しを伝えることで次につながります。
　「すばらしい！　すばやくできました！」「おしい！　前回より30秒遅かったよ」

⭐ 一指示複数行動

　しかし，一指示一行動はあくまで原則です。子どもたちはもっと力をもっています。発達段階に応じて，一指示一行動から一指示複数行動に変えていきましょう。特に体育においては，広い空間で行うこともあり，一度集合したら，複数の指示をしないと時間がいくらあっても足りません。その際，次のことを意識しましょう。

◇ナンバリングすることでするべきことの数，順序を明確にする。
　「今からすることを3つ言います。1つ目は，みんなでとび箱を準備します。2つ目は，今日の目標をグループの人に伝え合いましょう。3つ目，伝え終わったらグループからここに集合します」
◇子どもたちがどのような動線をたどるのかを考える。
　「まずグループごとにいつもの場所にかごを置きましょう。置いたらグループでパス回しの練習をしましょう！」
◇子どもたちの思考・感情の状況を考える。
　「一度に3つのことを言うよ。覚えられるかな。1つ目は…，2つ目は…，3つ目は…。きみたちならできるはず！　さあ，始めよう！」

　授業において教師の意思を伝達する場合，そのほとんどが音声言語を用います。授業で指示したことが通らない原因は大きく分けて2つあります。1つは上記に挙げた教師の指導言の技術の問題です。そして，もう1つは，子どもと（子どもたちと）教師の合意形成ができているかということです。指示をしてもその通りに動かない場合，子どもたちの感情的反発があることも多いです。「この先生の言うことなら聞こう」という信頼関係があるかどうかが合意形成の要因です。信頼を構築するためにも，日頃より一貫した指導言により，ぶれのない指示の言葉をかけることが大切ですね。

指示は子どもたちとの合意形成がキー

「絶対成功」ポイント
・一指示一行動から一指示複数行動に
・指示の成否の肝，教師の指導言の技術＆子どもたちとの合意形成

1 これで納得！「指導言」早わかり解説③
子どもに働きかける「発問づくり」

子どもの思考に働きかける指導言である「発問」。授業は，「発問」に向かう子どもたちの過程でもあります。思考に働きかけるとはどういうことでしょうか。すべての子どもたちが同じベクトルに向かう「発問」をするにはどうすればよいのでしょうか。

目標に向かう道しるべ

　授業には，その1時間や数時間の単元ごとの目標があります。子どもたちのたどり着くゴールです。発問はそのゴールにたどり着くための道しるべと考えればよいでしょう。つまり，この発問に向かって答えを求めていけばゴールにたどり着けるということです。

　まず考えるべきことは，その発問が授業の目標に沿ったものになっているかということです。教師が発問します。子どもたちは，その発問に対して思考を働かせて懸命に答えを求めようとします。その求めた先が，本授業，本単元でめざすゴールと一致するものなのかを検討します。同時に，懸命に求めるものが，目の前の子どもたちにとって適したものであるのか，価値あるものなのかも十分に検討しましょう。

　例えば，高学年の幅とびの授業で考えてみましょう。単元の目標は，「身体の使い方を工夫して，遠くにとぼう」とします。そのために，助走，踏切，腕の使い方，反り，着地といったことを子どもたちが工夫しながら運動することがめざすべきところです。この場合，実際の授業ではどのように発問すればよいでしょう。「より遠くへとぶにはどうすればよいでしょう」「記録を伸ばすためにどうしたらよいでしょう」といったあたりでしょうか。きっとこの発問でも，何割かの子どもの思考に働きかけることはできるかもしれません。しかし，もう一歩踏み込んですべての子どもの思考に働きかけることを望むならば，次のような発問はどうでしょう。

　「立ち幅とびと比較して，より遠くにとぶにはどうすればよいでしょう」

　「比較する」という課題をはっきりさせます。また自らの動きを比較することを組み入れることで，技能の差に関係なくどの子も意欲をもって取り組むことができます。

質問？発問？

　質問と発問。似ている言葉ですが，どういった違いがあるのでしょうか。その違いはやはり「思考を働かせる」かどうかにあります。「もう準備できましたか」「この前やったことを覚えていますか」「シュートを何本決めることができましたか」といったものは，思考を働かせる

必要はありませんので「質問」です。もしこれらを発問にするとしたら……。「みんなで協力して早く準備を終えるにはどんな役割が必要になるでしょう」「この前やったことを覚えていますか。それらの中で自分が一番必要と思うものは何でしょう」「どこからシュートを打てば一番得点しやすいだろうか」といった感じになります。

では，質問はだめなのか。そうではありません。しっかり意識して使い分ける必要があります。発問や説明の補助や活動過程における助言など，質問を用いることで効果的に学習が進む場面もたくさんあります。その意図をしっかりもって発することが大切です。

「どうすればボールは遠くに飛ぶかな？」

思考したくなる発問

しかし，いくら教師が願うゴールに沿った思考を伴う発問をしたところで，子どもにとって思考したくなる発問でなければ絵に描いた餅です。ずれ（p.44）ですね。既に述べたように，子どもと教師の願いを一致させる努力（p.22）をあらかじめ準備しておくことは必須です。単元計画同様，このずれを考慮した発問をつくり上げましょう。さらにステップアップするならば，この発問の出し方にもこんな一工夫を加えてみましょう。

①とぼける

「どういうこと？　なぜみんな○○さんの演技にそんな拍手したのだろうね。秘密をさぐってみよう」「先生にはよくわからないんだけど，どうすればスムーズって感じることができるのかな？」「なんであのチームはたくさん点数がとれるのかな？　先生にはわからないよ」ととぼけることで，他の子どもも巻き込みながら，考えをより具体的に伝えようとすることでしょう。

②否定する

「本当にそうなの？」「先生はそうは思わないな」「納得いかないな」あえて否定して発問します。子どもたちは先生に対抗心を燃やし，説得しようとさらに考え始めることでしょう。

同時に授業中に起こりうるずれ（p.100）に対して，柔軟に発問の内容，タイミング，言い方を調整できる教師力を身につけていくことも忘れてはいけません。

「絶対成功」ポイント
- 発問は授業のゴールにたどり着くための道しるべ
- 子どもたちが思考したくなる発問の工夫を

これで納得！「指導言」早わかり解説④
「説明」上手は話し上手

「子どもの行動，思考を整理する言葉。授業の枠組みをつくる言葉」である「説明」。一度でこちらの説明がうまく伝わらず，何度も言い直さなくてはいけないことが多々あります。うまく説明するためにどうすればよいでしょうか。

教師の話は長い？

「教師の話は長い！」よく聞く言葉です。なぜ，教師の話は長くなるのでしょう。決してわざとやっているわけではなく，ただ伝えたいことがたくさんあるからです。しかし，長い話を好き好んで聞く子どもはおらず，あの先生の話は長いから……とマイナスの評価にまでつながりかねません。次のことをチェックして，長くならない説明をめざしてみましょう。

①必要？不必要？
　話が長くなる大きな原因は，説明の中に不必要な言葉が入っているからです。まずは，この不必要なものをそぎ落とします。以下のことをチェックしてみましょう。
・同じことを何度も繰り返していないか。　・具体例を入れすぎていないか。
・「えーと」「あのー」など無駄な言葉が多すぎないか。

②話の順序
　話があっちこっちにとぶ。その結果，まとまりがなくなり話が長くなります。一定のルールにより話の順序をもっておくと話にまとまりが出てきます。
・時系列順，難易度順，軽重順など。

③話す対象
　特定の子どもにだけする説明と，全体にしなくてはいけない説明があります。個別⇒全体の順で説明すると無駄が増えます。全体⇒個別の順で説明するようにします。個別の質問にも途中で答えていくのではなくまとめて答えます。

効果的な説明

指示や発問を整理する「説明」。指示や発問を際立たせる効果的な説明をするために，次の

ような工夫をしてみましょう。

①図示

視覚化することで説明を補完します。ルールや場の設定，時間の流れなどをイラストや写真で掲示します。また，ICT機器を活用して，動画などで示すことも効果的です。

「さあ、このイラストをみて考えよう」

②「やってみせ，言って聞かせて，させてみて，ほめてやらねば，人は動かじ」

山本五十六氏の言葉です。人を育てるための要素が的確につまった言葉です。子どもたちに対する「説明」にもあてはまります。特に実技が中心の体育の授業では，イメージがすぐに湧くのではないでしょうか。まずは教師が動いてみせることでイメージをもたせます。その説明を言葉で加えます。そして子どもにさせてみます。評価の言葉も忘れてはいけません。

③質問

「1試合目はどこのチームだった？」「次は何をするんだったかな？」「今先生がした説明はいくつあったかな？」など教師からの質問に答えることで説明を進めていきます。また確認のための質問も効果的です。

④ユーモアを交えて

失敗談や冗談を交え，ユーモアを加え説明します。
「とび箱は4人で運びます。1人で運んでひっくり返った人が過去38人いますよ」
「……以上がルールです。ルールを守らない人は宿題が3倍になります」
冗談が冗談にならないようなものは困りますが，子どもの顔がふっと明るくなるユーモアを交えることで，長い説明も短く感じられます。

伝わったのか自信がないから何度も言い直す。話が長くなる最も大きな要因は，説明する側に自信がないことではないでしょうか。日頃より，子どもたちの反応を観ながら鍛えていくことで説明上手をめざしましょう。

「絶対成功」ポイント

- 無駄を削ぎ，順序・対象を意識して説明は簡潔に
- 工夫を加え，発問，指示を際立たせる説明に

これで納得！「指導言」早わかり解説⑤
効果的な「評価」のコツ

「授業において子どもの活動を価値づける言葉。さらなる活動に導く言葉」である評価言。効果的に子どもたちに伝える方法はあるのでしょうか。

 評価するコツ

　新しい服を買いました。初めて着たとき，誰かに「似合っているね」と言われました。自分がお気に入りで買ったものなら心からうれしいと思うでしょう。しかし，自分ではあまり気に入ってないものなら，「お世辞で言っているのかな」と思ってしまうこともあるでしょう。同じ言葉を投げかけても，受け取る側の状況によって，その印象は随分変わってしまいます。授業において，教師が発する評価の言葉も受け取る子どもたちの状況によって，その内容が歪んで伝わってしまうかもしれません。

　最大限にこちらの評価を伝えるために，いくつかのコツを挙げます。

①評価の言葉を発するタイミング

　間髪を容れずに評価，一瞬間をあけて評価，しばらく間をあけて評価など，その状況，意図により間を変えてみましょう。

②表情

　まさに「目は口ほどにものを言う」です。表情も豊かに使いましょう。特に目と眉を意識することで，伝わる表情が大きく変わります。

③声の高さ・速度

　喜びは声を高く。真剣に伝えたいときは低く。またその話すスピードも大切です。

④ジェスチャー

　大げさに身振り，手振りをしましょう。教師の言葉に耳を傾けさせます。

 評価を誇張する5つの方法

　また，私たちが，いくら子どもたちの「小さなできた」を見つけても，子どものがんばりを見つけても，修正するべきところを見つけても，それらが伝わらなくては評価にはなりません。コピーライター佐々木氏は著書『伝え方が9割』において，「強い言葉を生み出す技術＝相手の心を動かす技術」と述べています。また強い言葉を生み出す技術としていくつかの方法を挙

げられています。教育の現場においても応用できる方法です。それらを参考に5つの方法にまとめてみました。

①びっくり（！）法
「！」の前に伝えたい言葉に合った驚いている言葉を入れます。
例：「びっくり！　すごいパス。」「うわー！　そんなパス見たことない！」
「えー！　美しい動きだね」

②おとぼけ（？）法
「？」の前に伝えたい言葉を確かめる言葉を入れます。
例：「ほんとに？　今のパスすごくない？」「なんで？　いつの間にそんなパスすごくなったの？」「あれ？　君たちのチーム、そんなにチームワークよかったっけ？」

③反対法
伝えたいことの逆を前に入れます。本当に伝えたいことを際立たせます。
例：「まわりが歩いて見えるぐらい、はやい動き！」「前回のあなたが嘘のように、今日のあなたはやる気にあふれているね」「一番心配なチームだったけど、最高のチームになったね」

④繰り返し法
とにかく伝えたいことを繰り返します。繰り返すことで伝えたいことを強調します。
例：「いやー，すごい，すごい！」「今の守りへのきりかえはやかったね，ほんとはやかった」「おしい！　もう少し助走にスピードをつけるといけるかも。実におしい！」

⑤おおげさ法
いきなり伝えたいことを言わず，伝えたいことに集中させる言葉を入れます。
例：「ここだけの話だけど，君たちの作戦，プロがやるぐらいだよ」「コツを3つだけ教えるよ。1つ目は……」「ここだけは忘れたらだめだよ。ハードルをとぶときは……」

教師も性格が違います。得手不得手もあります。これらのコツを基に，自分なりの評価の得意技を見つけましょう。
子どもたちが次なる時間を思い描き，そこに向かってがんばろうと思える評価の言葉がかけられるように，私たちは言葉を磨かねばなりません。

「絶対成功」ポイント
・評価のコツ（タイミング，表情，声の高さ，ジェスチャー）を駆使しよう
・子どもの心，行動を動かす言葉を磨こう

指導言を支える！3つの「間」①
「時」：時間的な「間」

指導言と同じように大切にしたいのが「間」です。漫才や落語など見ていると，とても勉強になります。同じ言葉を発しても，その言葉が活きるかどうかは「間」であると言っても過言ではありません。

言葉を活かすための時間的な「間」

・ここから本題。よく聞いてほしいことを言うときの「間」。
・子どもたちが新しく発見したことを伝えてきたときに，感嘆の声を上げるまでの「間」。
・教師の発問に「ボケ」で返してくる子どもへのツッコミまでの「間」。
・ここはじっくり考えてもらいたいときの発問から次の説明・指示までの「間」。

　　　　　　　　　　　　　　　　　　　　　　　　　　　　　　　　　　　　などなど

　このように授業中には様々な「間」が存在します。この「間」には共通点があります。それは時間的な「間」であるということです。言葉を発しない時間を意図的に操作することで言葉を活かす「間」をつくっています。

時間的な「間」を身につけるために

　一流の人に共通するのが「間」の巧みさです。授業のうまい人，話のうまい人，一流料理店など，共通するのは絶妙の「間」です。

　「間」を支配できるので，その場の空間を支配できています。いきなり一流のようにうまくはできませんが，時間的な「間」を身につける方法があります。それは**「間を詰める」**ことです。

　教育実習生や初任者の先生の授業に共通することがあって，それは「間延び」です。丁寧に教えようとするあまり，間に意識がいかないので間延びしてしまいます。

　そこで「間を詰める」のですが，間を詰める第一歩は発問です。ダラダラ発問は結局何が言いたいのかわかりません。発問を短くする方法の1つに隠れ発問があります。

> ①これは何ですか？
> ②これは何？
> ③これは？
> ④これ
> ⑤（指で指す）

言葉を削ってテンポよく！

　このように発問を削っていきます。パターンは同じなので言葉を削っても意味が通じるのです。言葉を削ることで間が短くなりテンポが生まれます。子どもたちを授業に参加させるために授業の導入に使う方法です。
　もしも，この発問を「これは何ですか」で繰り返すと，同じことの繰り返しなので間延びします。間を詰めるからこそ，子どもたちがのってくるのです。
　漫才をこの観点で観てみましょう。後半になればなるほど笑いが起こるのは，同じようなことの繰り返しを行いながらも間を詰めているので，お客さんがその話に引き込まれるからと言えます。
　時間的な間を身につける第一歩は「間を詰める」と言えます。

⭐ 本物に出会う＝心で覚える

　今，この本を読んで時間的な「間」について知りました。「間を詰める」という具体的な方法も知りました。
　しかし，これが明日からすぐに役立つかと言えばそうではありません。
　本などの知識は頭で覚えます。残念ながら頭で覚えた知識は必ず忘れていきます。
　ところが，心で覚えたこと，つまり感情が入った経験は忘れることができません。脳科学的に言えばこれも頭で覚えているのですが，これは「心で覚える」と言います。
　先に述べた通り，一流の人たちは一流の間の使い手です。
　ですから，そのような一流の人たちの間に直接触れ，その間を心で覚えることが一番の間を身につける方法と言えます。「間」はあらゆる職種の方から学べます。ぜひ本物に出会いましょう。

「絶対成功」ポイント
・時間的な間を身につける第一歩は「間を詰める」
・一流の間を心で覚える

2 指導言を支える！3つの「間」②
「処」：空間的な「間」

電車の椅子に座るとき，なんとなくとなりの人との間隔を空けて座ります。人には居心地のよい距離感というものがあります。子どもに指導をしようとしたとき，その距離感，子どもにとって適切と言えますか？

言葉を活かすための空間的な「間」

以前，スポーツチャンバラの授業を見ていたときの話です。

授業中，子どもたちは普段なら注意されるようなチャンバラを胸を張ってできるとあって，張り切って勝負（たたき合い!?）をしていました。

ところが，たまたま授業を見ていた先生の中に剣道七段の先生がいらっしゃって，勝負することになりました。

その先生が立った瞬間，体育館が異様な雰囲気に包まれました。

対戦相手の子どもは，それまでの試合では打ち合っていました。ところが，その先生との試合ではピタッと動きが止まって，明らかに攻めあぐねています。まさに「間合い」をその場にいる人すべてが感じました。

物事にはちょうどいい距離というものが存在します。

この距離感を間違えると，どんなに優しい言葉を発しても受け取る側は圧迫感を感じるなど，意図した言葉の内容につながらないことになります。

空間的な「間」を身につけるために

心理的距離というものがあります。

- ・密接距離（0〜45cm）恋人との距離
- ・個体距離（〜120cm）友人との距離
- ・社会距離（〜360cm）仕事上のつきあいの距離
- ・公衆距離（360cm〜）他人との距離

小学校では，子どものとなり同士の机をつけていますが，喧嘩をしたり何かトラブルを抱えたりすると机を離そうとします。密接距離から離れようとします。

　また，クラスの子どもたちの関係が悪くなると小集団がたくさんでき，いろいろなところで固まってこそこそと話します。密接距離をつくって，仲間意識を確認しているとも解釈できます。

　この心理的距離を活用すれば，言葉を活かすことができます。

　個別指導をするときには，個体距離で話します。個体距離は友人関係の距離。あなたと友好関係ですよ！ということを距離で示すことができるのです。

　公衆距離で個別指導するとどうなるか。声が届かないので怒鳴ることになりますし，心理的距離も他人の距離。子どもの心に言葉が届くはずがありません。

　このように，上手に心理的距離を活用すると指導言の効果が変わります。

心理的距離は心の表れ

　高学年の女子との関係を悩む男性教師も多いです。いきなり密接距離だと嫌がれるのも，心理的距離がわかると納得できます。いきなり恋人の距離に入るわけですから，嫌がられて当然です。

　ある先生が，突然一部の女子たちから避けられるようになりました。それまで休み時間に楽しく話をしていたのに突然のことでした。その先生に思い当たることは全くなかったので，その先生は悩みました。

　理由が数週間後にわかりました。ある休み時間に話をしていたときに，その先生がある女の子の席に座っていたのです。理由を知ると些細なことに感じるかもしれません。しかし，校長先生の席に座って話などするでしょうか。どこかで，慣れが謙虚さを失わせたのだと思います。

　心理的距離は自分の心が表れる距離です。学校という公共の場での密接距離の在り方は，とても重要になってきます。「親しき仲にも礼儀あり」で考えると，個体距離（友人との距離）を基本に考えるのがよいのかもしれません。

教師と子どものいい距離

「絶対成功」ポイント

・居心地のよい距離感を知ろう
・不用意な密接距離に注意

2 指導言を支える！3つの「間」③
「位」：対人関係の「間」

高学年の教師になると「何を言うのかが大切なのではなく，誰が言うのかが大切」と感じるときがあります。つまり，子どもが教師の人間性を観るという場面が生じます。

「間」＝時・処・位

「間」と聞くと一般的には「時（時間的な間）」が頭に浮かびます。そして，前項が距離としての「間」，つまり「処（空間的な間）」についてでした。この２つについて違和感がないと思いますが，間にはさらにもう１つあります。

「対人関係の間」です。「人間」の言葉に「間」があるように，時間でも距離でも表せない独特の間が存在します。

対人関係の「間」を身につけるために

この対人関係の「間」を扱う力，「どうやって身につけるのか」と聞かれると，なかなかうまく説明できません。一概に，こんなときはこれだけの「間」と言うことはできません。目の前の子どもの様子や雰囲気，教師の表情などによっても変わるからです。対人関係の「間」の取り方が上手な先生にその秘訣を聞いたことがあります。

その先生は「飲み会で，授業はうまくなる！」と話していました。宴席では，いろいろな人がいます。年代もばらばらかもしれません。聞き役に徹する人，ひたすら自分のことばかり話し続ける人，流れにのらない話をする人……。そんな中で，みんなを楽しませる発言をしたり，周りの人にうまく話をふったり，人の話に絶妙な合いの手（つっこみ）を入れたりできる人は授業がうまいです。

もちろんそれだけではなく，教材研究や経験なども必要です。ただ，そのような先生の学級の子どもたちは，確実に授業への参加率が高いです。これは極端な話かもしれませんが，的を射た話と思います。つまりは周りの状況をよく観ることのできる人が，対人関係の間を身につけています。

「3つの言わない」で尊敬される教師に

　「間」について述べてきました。「間」には時（時間的な間），処（空間的な間），位（対人関係の間）の3つがありました。
　時間的な間と空間的な間は具体的に自分で意識して向上できますが，対人関係の間だけは意識してもすぐにはできないもの。技術と言うより人間性にかかわることだからです。ただ，この章は指導言を活かすための「間」ですから，言葉に着目して子どもとの対人関係の間を育む方法を紹介します。それは3つのことを言わないようにすることです。

- 子どもの悪口を言わない。
- マイナスの言葉（ののしる言葉）を言わない。
- 下ネタを言わない。

　3つ目は品格の問題として，なぜ「悪口」と「マイナスの言葉」を言わないのか。
　「子どもの悪口を言う」「マイナスの言葉を言う」を保護者の前で堂々とやりません。教室や職員室という密室，つまり，かげでやります。
　結局，「先生」として子どもの前に立つ職業ですから，「こそこそ」するようなことをしてはいけないということです。常に胸を張って，自分のやっていることに自信をもつ。つまり「お天道様に向かって凛と立てる教師」をめざします。
　植物はお天道様に向かってすくすくと伸びていきます。同様に子どもは凛とした教師を尊敬します。すぐには対人関係の間は身につけられませんが，日々子どもの前に立つ者として「3つの言わない」を意識して，胸を張って子どもの前に立ちたいものです。

胸を張って子どもたちの前に！

「絶対成功」ポイント

- 周りの状況をよく見る教師＝人をめざす
- 「3つの言わない」で胸を張って子どもの前に立つ

3 事例でチェック！効果的な指導言でつくる授業アイデア①
ベースボール型ゲーム

ゲームの授業では，ゲームの中心となる楽しさをいかに理解させるかが大切です。走塁とボール，どちらがはやく到着するのかを競うことが楽しいベースボール型ゲーム。どのような指導言が有効なのでしょうか。

はさみんベースボール

では，指導言を交えながら，ベースボール型ゲームにつながる低学年のゲームの授業を紹介します。ベースボール型ゲームのおもしろさは，アウトかセーフかのドキドキ感です。しかし，そのドキドキ感を味わうためには，複雑なゲームの構造を理解しなくてはなりません。そのゲーム構造を理解させ，楽しさの中心へと導くために指導言を使い分けます。前段階の「はさみん」というゲームからみてみましょう。

《はさみん》 ランナーは安全地帯の間を往き来する。決められた回数往復できればクリア。オニ同士はキャッチボールをしておく。ボールを持ったオニにタッチされたランナーやオニがボールを持ってアウトゾーンに入ったときに安全地帯にいないランナーは全員アウトで，オニと交代。

指導言例
「ボールを持っているオニにタッチされたときや，オニがアウトゾーンで『ドン！』と言ったときに安全地帯にいないときはアウトです」（説明）
「どんなときに安全地帯を離れることができるかな」（発問）
「すごい！ 勇気を出して，オニの動きをみていいスタートができたね！」（評価）

《はさみんベースボール》

> ☆ルール
> ・ランナーは，Ａより打撃（投球）後，安全地帯の間を往き来する。片道１点。
> ・守備側は，ボールを持って順に２つのアウトゾーンに（２，３人）集まる。守備が２つのアウトゾーンに入るまでに往復した回数が点数。
> ただし，２つ目のアウトのとき，安全地帯にいないときは０点となる。

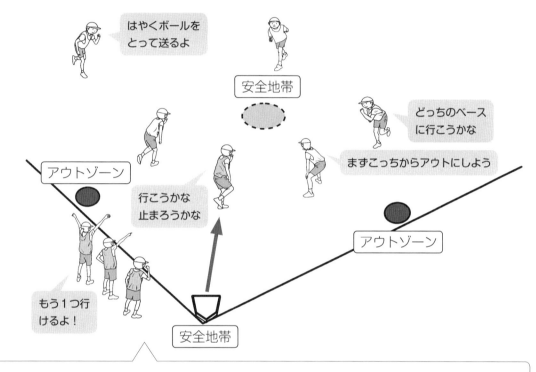

指導言例

「ボールを持って，アウトゾーンを２人で踏みます。両方のアウトゾーンを踏めたらアウトです。アウトゾーンを踏む順番はどちらからでもいいですよ」（説明）

「どこに投げれば，たくさん得点できるかな」「何を見て行くか止まるか決めるのかな」（発問）

「投げる順番を決めましょう。２分後に挨拶をします」（指示）

「○○くんは，みんなと反対のアウトゾーンにチーターのような速さで向かっていたね！」（評価）

「絶対成功」ポイント

- まずはゲーム構造を理解させる説明の言葉
- ゲームの楽しさの中心に導く指導言を

3 事例でチェック！効果的な指導言でつくる授業アイデア②
フラッグフットボール

フラッグフットボールにおいて，教師の願いは，チームで協力してボールを運んでいくことです。しかし，「チームで協力してがんばりましょう！」では，子どもたちの願いにはつながりません。どのような指導言が有効なのでしょうか。

★ フラッグフットボール

　フラッグフットボールのゲーム。教師が，いくら「協力してタッチダウンをめざそう」とテーマを掲げたとしても，どうやって協力すればいいのか，子どもたちに伝わらなければ意味をなしません。フラッグフットボールのおもしろさの１つは「かけひき」です。その「かけひき」を学習の中核に据えた授業展開を指導言とともにみてみましょう。

> 単元を貫くテーマ
> 「どうすれば相手をうまくだますことができるかな」

　「だます」と聞くといい印象を受けないかもしれませんね。しかし，あえてこの「だます」というインパクトのある言葉を使うことで，子どもたちの思考を焦点化します。学習を展開していくための中核になります。

発問「どうすれば相手をだまして，走り抜けることができるかな」

「右に行くとみせて，左に行こう」
「前に行くとみせて，急にストップしよう」

「渡す（ハンドオフする）とみせて，渡さないで走ろう」
「渡さないとみせて，渡してしまおう」

発問「どうすれば相手をだまして，パスキャッチすることができるかな」

「右に走るとみせて，左にカットしてパスキャッチしよう」
「一度ストップするとみせて，奥に走り込もう」

「パスするとみせて，走ろう」
「走るとみせて，パスしよう」

発問「どうすれば相手をだまして，タッチダウンすることができるかな」

「みんなで右にブロックして右に走らせるとみせて，1人だけ左に走ろう」

「みんなパスコースに出て，パスとみせて，QBがそのまま持って走ろう」

　すべてに共通するキーワードは，「～とみせて」。いわゆるフェイントです。相手の動きがあってこそ，フェイントをする有用性が出てきます。授業では，相手とのかけひきの中で，どうすればうまくだませるのか考えます。身体の向き，視線，声，速さ，ステップ……さらには，ボールを持っていないときの子どもの役割まで広がっていきます。いろいろな方法が生まれてくることでしょう。

　「どうすればうまく相手をだませるかな」から広がる指導言によって，たくさんの学びの種が生まれてきます。

「絶対成功」ポイント

- 楽しさ，おもしろさの中心に迫れる言葉の工夫をしよう
- 子どもの願いを刺激する言葉に変換しよう

3 事例でチェック！効果的な指導言でつくる授業アイデア③
鬼あそび「さかなとり」

鬼あそびは子どもたちが大好きです。運動場をみると必ずどこかで鬼あそびをやっています。体育の時間の鬼あそびと休み時間の鬼あそびの違いは何か？　それは学びがあるかないかです。感覚的に「スペース」を学ぶ最高の教材です。

★ さかなとり

　ゲーム・ボール運動領域では「スペース」という言葉がよく使われます。よく使いますが，ゲーム中にこれを利用して運動するのは難しいです。なぜなら，スペースとは空間ですから対象物がありません。ないものを意識させるのは難しいことです。また，スペースは時間とともに変化します。先ほどまであったスペースがなくなり，違うところに生まれます。対象物がなく，一定していないスペースを感覚的にわからせるのが紹介する鬼あそびです。

《さかなとり》　四角のコート内に漁師（鬼）がいる。漁師の「あみ投げた」の合図で，さかなはスタートラインから反対側のラインに逃げる。途中，漁師にタッチされたり（フラッグをとられたり），サイドラインから出たりすると漁師（鬼）になる。

指導言例
「漁師さんにタッチされたり，横のラインから出たりしたら漁師になりますよ」（説明）
「漁師さんが増えると難しくなるね。なぜ難しくなるのかな」（発問）
「○○さんが走ったところに，きれいな道があるようにみえたよ」（評価）

　ゲームの構造が十分に理解できたところで，次のメインゲームへと進みます。

《チーム対抗さかなとり》

> ☆ルール
> ・基本的なルールは「さかなとり」と同じ。
> ・5回アウト（フラッグをとられる）になると漁師と魚が交代する。

チームとなることで作戦が生まれます。

ゾーンディフェンス（⁉）

漁師が味方の魚を追いかけるその隙に……

> 指導言例
> 「網を投げる（スタートする）前に何アウトか確認するようにしましょう」（指示）
> 「漁師さんが5人いると壁のようにみえるけど，その壁がくずれるときはどんなときですか？」（発問）
> 「漁師さんが○○さんについていったのをよくみてスタートができていたね」（評価）

「絶対成功」ポイント

・指導言により世界観をつくり，あそび自体を楽しくしよう
・実際には存在しないものを指導言によりイメージさせよう

3 事例でチェック！効果的な指導言でつくる授業アイデア④
表現運動「シェイプ」

表現の授業では，表現の世界づくりが大切でした（p.72参照）。しかし，表現も体育ですから，やはり基本は動きです。表現の動きは他の領域にはない動きです。（同じなら表現になりません。）シェイプという動きに着目します。

 シェイプに挑戦

「ハイ，ポーズ」と言われてポーズをとりました。その後，どのような動きをするでしょうか。当然ですが手をおろすなど，通常の姿勢に戻ります。つまり，普通の世界に戻ります。ポーズに対して，シェイプがあります。一見するとポーズと違いがわかりません。下のような違いがあります。

シェイプ	ポーズ
・一連の運動の流れの断面 　→決定的瞬間 　⇒シェイプの連続が運動	・完成された静止状態 ・前後に時間的流れがない→静止画

シェイプの連続が運動ですから，シェイプが平易なつまらないものだと，運動（動き）もつまらないものになります。ですから，まずはシェイプの学習からスタートします。

いきなり「シェイプをつくりなさい」と言っても，それまでの経験がないとできません。そこで意図的にシェイプをつくることができるプロを真似ることからスタートします。

子どもたちは，はじめ特徴的なところから真似をします。そこで，教師は子どもが気づかない細かいところに着目するように指導言を使います。

《プロを真似よう》

- ・プロの写真を用意する。（2人，5人，10人など人数が違うものを用意）
- ・芸術家（写真をみながら動きをつくる〔指示する〕人）と粘土（実際に動く人）に分かれる。（途中で交代）

心を身体をひらいて、イメージを身体で表現

指導言例
「指先まで真似してごらん」（指示）
「プロの人はどこを見ているのかな」（発問）
「すごい！ 写真と全く同じ！（写真を撮ってから）ほら，同じでしょ」（評価）

◎反対のシェイプをつくろう

　シェイプを真似することに慣れてきたら，自分でシェイプをつくります。
　はじめは「世界で一番強そうなボクシングチャンピオンの銅像」など，具体的なイメージがもてるシェイプに挑戦します。その後「動きの対比」に挑戦します。

《世界最弱のチャンピオン》

・「世界最強のチャンピオンの銅像」から，動きを反対にして「世界最弱のチャンピオンの銅像」にする。
・作品完成後，曲に合わせて「最強の銅像」を「最弱の銅像」に変化させる。

最強のチャンピオン（シェイプA） →変化→ 最弱のチャンピオン（シェイプB）

指導言例
「腕が内側なら，反対の動きはどうなりますか」「膝が曲がっているなら，反対の動きは？」（発問）
「これは弱そうだ！　これなら先生でも勝てそう！」（評価）

「絶対成功」ポイント

・大まかな動きができたら細部に着目させる指導言を
・動きの反対を問うことで，意図的な動きから離れさせる

Column 同僚性

人との出会い

　本書を読むことで今まで知らなかった知識や技術を獲得することができたならば、読む前に比べ授業力がアップしたでしょう。

　このように「本との出会い」は教師力を上げてくれます。教師が本を読まなくなったと聞きますが、やはり専門職として学び続けるために本を読むことをお勧めします。1冊読み終えたときに、何か1つでもためになることがあれば、それはよい本との出会いをしたと言っても過言ではありません。

　ただ、本との出会いは1人での学びとなります。そこで、より一層自分の授業力を高めるためにお勧めするのが「人との出会い」です。

　職場で出会った先生方とも「人との出会い」です。研修会や勉強会に行くことでさらに人との出会いが増えます。また、人との出会いは、人とのつながりを生みます。

　教師の成長においてキーワードになっているのが「同僚性」です。この言葉は学校の校内研究の重要性を表すときによく使われますが、言葉が示すように教師は1人では成長することができないことを表わしています。

　同じ志をもち、学び合える同士に出会えることは、自分を教師として成長させる最高の機会です。ぜひ、人との出会いを大切にしてほしいです。

憧れ

　人との出会いをお勧めする理由の1つが「憧れ」です。

　「ああなりたいなぁ！」と思える「子ども（童）の心」のようなものが「憧れ」と言えます。

　コラム「省察の大切さ」（p.106）に、省察の方法としてジャーナルを紹介しました。教師力向上のための最良の方法で、確実に力がつく方法なのですが、やっている先生は少ないです。なぜか。時間がかかりますし、やるとわかりますが面倒くさいのです。本来はやらなくてもいいことですから、いつの間にかやらないということになります。

　コラムで紹介した先生は、1時間かかるような取り組みをなぜできるのか。その原動力を聞いてみました。答えは「憧れ」でした。尊敬している先生がやっていたので、それを

真似したのがスタートでした。やはり人を動かすのは「情＝こころ」です。

　個人的なことですが，この話を聞いたときに，家内に「憧れの心がある人は伸びるなぁ」と話すと，「普通は嫉妬があるから憧れないでしょ」の答えが返ってきました。「嫉妬」の発想は私にはありませんでした。そのとき，自分の周りは「憧れに憧れ合う」教師が多いのに気づきました。つまり，魅力的な先生がたくさんいました。

　憧れるというのは，コラム「授業力の要素」（p.16）で紹介した授業力の要素の「信念」で考えれば，相手の信念に触れる行為と言えます。ですから，理屈ではなく心で感じるので，自分を大きく変えてくれるのです。

かかわり方

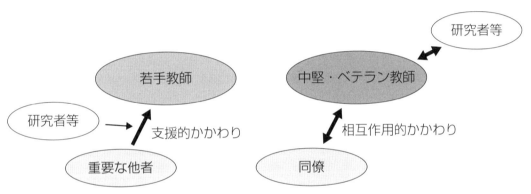

授業力量形成の共同モデル（木原2004）

　授業力は教職経験によって変容することに異論はないと思います。そのため，授業力の研究では若手教師・中堅教師・ベテラン教師のような授業力の発達モデルが示されています。もちろん，このことは若手教師＜中堅教師＜ベテラン教師のような優劣をつけるものではありませんし，経験年数と授業力が比例するわけではありません。

　ただ，子どもの学習でも発達段階が重要なように，教師の成長にも段階があるということを知っておくと適切なかかわりになります。

　上のモデルは，同僚とのかかわりをモデルにしたものですが，若手と中堅・ベテランがどうこうということより，かかわりが「支援的なかかわり」から「相互作用的なかかわり」に変わっていくということが大事です。

　教師は転勤が多い職業ですが，転勤直後はモデルの左側（若手教師のモデル）になると言われています。ですから，かかわりとしては「知っているだろう」ではなく，支援的なかかわりが望ましいとなります。また，力のある学年集団のかかわりは相互作用的なかかわりが多いように思います。

おわりに

　20数年前の春，グランドの片隅。アメリカンフットボール部の練習を眺めている私に，「練習を見学していいですか？」とおどおどした敬語で話しかけてきた彼。私の風貌に先輩と勘違いしたのでしょう。それがこの書籍を共に執筆した栫井大輔との出会いでした。大学卒業後は，それぞれの道を歩みますが，十数年後，再び同じ附属学校の教員として出会います。共に体育を研究する立場，意気投合し，近隣の先生たちと共に「関西体育授業研究会」を立ち上げることになります。

　「関西体育授業研究会」では，栫井をはじめ，多くの先生と夢を語り合っています。本会では何かに憧れをもち，その憧れに向かって努力しているメンバーが多くいます。同時に，その憧れに向かっている人に対して憧れるメンバーがいます。そして，その次に憧れ，その次にと……。この「憧れ」の連鎖が本会の原動力です。
私も「栫井大輔」の雰囲気，確固たる信念，私とは正反対とも思える性格に憧れている一人です。今では研究者と実践者，立場は違いますが，体育，教育，子どもへの願いはずっと同じだったと，でき上がった原稿を読み返し，感じることができます。同時に彼に「憧れられたい」「認められたい」という「我」も自分の中にあることに気づかされます。もっと自分を磨かなくてはと感じさせてくれる数少ない一人です。

　本誌の中に出てきた写真の教師たちをはじめ，多くの仲間と体育を通じて出会いました。本誌で述べていることも，仲間から多大なる影響を受けたことは間違いありません。教師の世界は時に孤独です。一人で為さねばならないこと，一人で悩むこと，一人で解決せねばならないこともたくさんです。そのようなときに救ってくれるのが仲間です。力をくれるのも仲間です。人とつながれることはこれからの時代，大きな力です。教師がつながることが子どもたちをつなぎ，教師の笑顔が子どもたちの笑顔につながると信じています。本誌刊行にあたって，「関西体育授業研究会」のメンバー，これまでに出会った先生たちに感謝申し上げます。

　最後になりましたが，この絶対成功シリーズをいつも支えてくださる明治図書の木村悠様，この本の構想・執筆が，ご自身の妊娠・出産の真っ只中という時期にもかかわらず，尽力いただいたことに深く感謝申し上げます。お子様が，学校教育で体育を学ばれる数年先の未来に，この本が少しでも寄与できたならば，これほど幸せなことはありません。

　この1冊がすべての子どもたちと教師たちの笑顔につながることを願って

関西体育授業研究会
垣内幸太

【参考引用文献】

秋田喜代美(1998)「教えるという営み：授業を創る思考過程」佐藤学編『教師像の再構築』岩波書店

木原俊行(2004)『授業研究と教師の成長』日本文教出版

小林篤(1978)『体育の授業研究』大修館書店

佐藤学(1997)『教師というアポリア：反省的実践へ』世織書房

高橋健夫(1992)「体育授業研究の方法に関する論議」『スポーツ教育学研究特別号』pp.19-31.

高橋建夫編著(1994)『体育の授業を創る：創造的な体育教材研究のために』大修館書店

高橋健夫編著(2003)『体育授業を観察評価する：授業改善のためのオーセンティック・アセスメント』明和出版

高橋健夫・岡出美則・友添秀則・岩田靖編著(2010)『体育科教育学入門』大修館書店

吉崎静夫(1997)『デザイナーとしての教師　アクターとしての教師』金子書房

Schön,D.A(1983) The Reflective Practitioner(訳)柳沢昌一・三輪建二(2007)『省察的実践とは何か』鳳書房

体育授業研究会(2015)『よい体育授業を求めて』大修館書店

佐々木圭一(2013)『伝え方が9割』ダイヤモンド社

大西忠治(1988)『発問上達法』民衆社

有田和正(2011)『学級づくりの教科書』さくら社

関西体育授業研究会(2014)『「組体操」絶対成功の指導BOOK』明治図書

関西体育授業研究会(2015)『「ボール運動」絶対成功の指導BOOK』明治図書

関西体育授業研究会(2015)『「水泳」絶対成功の指導BOOK』明治図書

関西体育授業研究会(2016)『「なわとび」絶対成功の指導BOOK』明治図書

【著者紹介】
垣内　幸太（かきうち　こうた）
大阪府箕面市立萱野小学校
1974年，兵庫県生まれ
大阪教育大学教育学部卒業
大阪教育大学附属池田小学校を経て現職

栫井　大輔（かこい　だいすけ）
プール学院大学
1974年，宮崎県生まれ
大阪教育大学教育学部卒業
大阪教育大学大学院教育学研究科修了
大阪府公立教員，大阪教育大学附属天王寺小学校を経て現職

2009年，関西体育授業研究会設立　http://kantaiken.jp/
「体育科の地位向上」を合言葉に，近隣の先生方と共に発足。授業力向上をめざし，月1回程度，定例会を開催。また，毎年7月に実技研修会、11月に研究大会を開催。
2015年，授業力＆学級づくり研究会設立　https://jugakuken.jimdo.com/

学級力が一気に高まる！
絶対成功の体育授業マネジメント

2017年4月初版第1刷刊　©著　者　垣　内　幸　太
　　　　　　　　　　　　　　　　栫　井　大　輔
　　　　　　　　　　　発行者　藤　原　光　政
　　　　　　　　　　　発行所　明治図書出版株式会社
　　　　　　　　　　　　　　　http://www.meijitosho.co.jp
　　　　　　　　　　　（企画）木村　悠（校正）(株)東図企画
　　　　　　　　　　　〒114-0023　東京都北区滝野川7-46-1
　　　　　　　　　　　振替00160-5-151318　電話03(5907)6702
　　　　　　　　　　　ご注文窓口　電話03(5907)6668
＊検印省略　　　　　　組版所　株式会社明昌堂
　　　　　　本書の無断コピーは，著作権・出版権にふれます。ご注意ください。
Printed in Japan　　　　　　　ISBN978-4-18-098517-3
もれなくクーポンがもらえる！読者アンケートはこちらから→